KB129938

성공적인
나의
인생 레시피
만들기

성공적인
나의
인생 레시피
만들기

초판 1쇄 발행 2016년 9월 9일

지 은 이 김정옥
발 행 인 권선복
편집주간 김정웅
편   집 권보송
디 자 인 김소영
전 자 책 천훈민
마 케 팅 권보송
발 행 처 도서출판 행복에너지
출판등록 제315-2011-000035호
주   소 (157-010) 서울특별시 강서구 화곡로 232
전   화 0505-613-6133
팩   스 0303-0799-1560
홈페이지 www.happybook.or.kr
이 메 일 ksbdata@daum.net

값 14,000원

ISBN 979-11-5602-413-2   (03190)

Copyright ⓒ 김정옥, 2016

* 이 책은 저작권법에 따라 보호받는 저작물이므로 무단전재와 무단복제를 금지하며, 이 책의 내용을 전부
  또는 일부를 이용하시려면 반드시 저작권자와 〈도서출판 행복에너지〉의 서면 동의를 받아야 합니다.
* 잘못된 책은 구입하신 곳에서 바꾸어 드립니다.

도서출판 행복에너지는 독자 여러분의 아이디어와 원고 투고를 기다립니다. 책으로 만들기를 원하는 콘텐츠가 있으신 분은 이메일이나 홈페이지를 통해 간단한 기획서와 기획의도, 연락처 등을 보내주십시오. 행복에너지의 문은 언제나 활짝 열려 있습니다.

톡톡 튀는 창조적 아이디어로

성공적인 나의 인생 레시피 만들기

김정옥 지음

도서
출판 행복에너지

성취도 높은 인생을
살아가기 위하여 필요한
7가지 요소의 덕목을
제시하고 있다

머리말

언제부터인가 지인이나 후배들을 만나면 인생에 대하여 터득한 교훈이나 원리를 설명하는 습관이 생겼다. 인생을 살아오면서 얻은 삶의 교훈, 인생사의 원리, 그리고 창조적 아이디어로 얻은 성공의 법칙을 혼자만 알고 묻어버리기에는 너무 아깝다는 생각이 들었기 때문이다.

인류가 발전하는 것은 자기가 얻은 지식을 글로 남겨서 후손들이 활용할 수 있는 능력이 있기 때문이라고 한다. 본인은 누구보다도 다양한 인생을 경험하여 얻은 지식을 글로 남김으로써 인류의 발전에 기여하고 싶다고 생각하게 되었다. 그래서 인생의 레시피를 성공적으로 만들 수 있는 인생사의 원리와 법칙을 정리하여 여러분이 시행착오를 적게 경험하고 성공적으로 살아갈 수 있기를 바라며 이 책을 쓰게 되었다.

성취도 높은 인생을 살아가기 위해서는 유년기에 창조적인 능력을 길러주기 위한 역량을 길러야 한다, 그래야 청·장년기에 자기의 잠재능력을 계발하고, 성공적 변신에 도전하여 성취도 높은 인생을 살아갈 수 있을 것이다. 성취도 높은 인생을 살아간다는 것은 성공적인 높은 직위에 올라가는 것도 중요하지만 자기의 잠재능력을 계발하기 위하여 자기의 적성에 맞는 분야를 찾아내고 계발하여 그 분야의 최고봉이 되는 것이라고 생각한다. 이 책에서는 이러한 능력을 길러서 성취도 높은 인생을 살아갈 수 있도록 잠재능력을 계발하고, 창조적 변신에 도전하여 성공을 얻을 수 있는 방법을 안내하기 위한 인생 방법론을 저자의 경험을 기반으로 여러분에게 전수하기 위하여 제시하고 있다. 즉, 저자의 풍부한 경험과 시행착오를 사례로 들어서 간접적 경험을 통하여 여러분들이 숙지하도록 하고 있는 것이다. 그럼 여기서 자기의 타고난 험난한 역경을 극복하고 성취도 높은 인생을 살았던 칭기즈칸의 시를 한 구절 살펴보도록 하겠다.

집안이 나쁘다고 탓하지 말라.
나는 아홉 살 때 아버지를 잃고 마을에서 쫓겨났다.
가난하다고 말하지 말라.
나는 들쥐를 잡아먹으며 연명했고,
목숨을 건 전쟁터가 내 일이고 내 직업이었다.
작은 나라에서 태어났다고 탓하지 말라.

그림자 말고는 친구도 없고 군사는 10만,

백성은 어린애, 노인까지 합쳐 채 200만도 되지 않았다.

배운 게 없다고, 힘이 없다고 말하지 말라.

나는 내 이름 석 자도 쓸 줄 몰랐지만

남의 말에 귀를 기울이면서 현명해지는 법을 배웠다.

너무 막막하다고 그래서 포기해야겠다고 말하지 말라.

나는 목에 칼을 쓰고도 탈출했고, 뺨에 화살을 맞고 죽었다

살아나기도 했다.

적은 밖에 있는 것이 아니라 내 안에 있었다.

나는 나의 거추장스러운 모든 것들을 깡그리 쓸어 버렸다.

나를 극복하는 그 순간 나는 칭기즈칸이 되었다.

오늘날 현 사회는 자기가 타고난 수저가 '흙수저'라서 극복이 어렵다고 한탄하고 포기하는 사람이 많지만 칭기즈칸의 사례를 보면 자기의 타고난 환경과 역경을 극복하기가 어렵다고 의기소침할 필요는 없다는 생각이 든다. 우리의 인생도 내 안에 있는 나를 극복하는 것이 가장 중요하다고 생각된다. 칭기즈칸도 이러한 자기 자신과의 싸움에서 모든 역경을 극복한 위인이라고 말할 수 있다. 따라서 이 책에서 제시한 인생 레시피를 숙지하고 내 스스로가 적절하게 활용한다면 충분히 모든 역경을 극복하고 성취도 높은 인생을 만들어갈 수 있다고 주장한다.

인생의 노정은 한 번밖에 주어지지 않는다. 따라서 한번 주어진

인생의 목표를 사전에 계획하여 후회 없는 인생을 만들어가야 할 것이다. 성공적인 고위직의 인생만을 살아가기 위하여 모든 것을 성공적인 인생에만 투자한다면 성취도 높은 완벽한 인생을 살았다고 할 수는 없을 것이다. 즉, 이와 같이 성취도 높은 인생을 살아가는 것이란? 자기의 적성에 맞는 잠재능력을 계발하여 성공적으로 자기가 추구하는 인생을 사는 것이다.

올해의 인물상을 수상한 미국 카네기 멜론대학의 랜디 포쉬 교수도 암으로 죽음 앞에 선 마지막 강연에서 나와 비슷한 방법으로 인생을 살아오면서 얻은 교훈을 바탕으로 어린 시절에 꿈꾸던 목표를 성취하기 위하여 필요한 기본적인 덕목을 제시하였다.

이 책에서 알려주고 싶은 핵심 내용은 아래와 같다.

첫째, 내 아들에게만 가르쳐 주고 싶었던 소중한 나의 인생에서 얻은 지식과 성공의 법칙을 이 책에 쓰게 되었다.

둘째, 여러분들이 이 책을 읽고 인생에 대한 노하우를 한 수만 배워서 가면 당신의 인생이 달라질 것이라고 확신할 수 있다.

셋째, 부모와 자식이 함께 읽어 보고 이 책에서 논하고 있는 성공 레시피의 진리에 대하여 함께 토론해 볼 것을 권하고 싶다.

넷째, 성취도 높은 성공적인 인생을 살아가기 위하여 20~40대는 필수적으로 습득하여야 할 인생 방법론이며, 장년기는 자신과 자녀의 교육을 위해서 반드시 읽어야 할 성공의 법칙을 정리한 알토란 같은 인생 레시피라고 권하고 싶다.

　다섯째, '성공적인 나의 인생 레시피 만들기'가 여러분 가정의 소중한 책꽂이에 넣어두고 10년마다 다시 읽어볼 수 있는 인생 바이블이 될 수 있기를 희망한다.

　여섯째, 여러분의 소중한 친족이나 지인의 발전을 위하여 입학, 졸업, 취업, 결혼, 생일, 승진, 퇴직, 연인에게 적합한 선물로 권한다.

2016년 저자 씀

CONTENTS

머리말 · 5

I

성공적인 나의
인생 레시피를 만들기 위하여

때를 놓치면 안 되는
인생 레시피에는 무엇이 있는가?

청·장년기의 성장을 위한
성공의 법칙에는 무엇이 있는가?

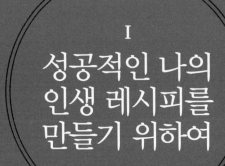

I
성공적인 나의
인생 레시피를
만들기 위하여

chapter 1

연령대별 추구할
인생 레시피에는
무엇이 필요한가?

　인생을 살아가다 보면 '조금만 더 일찍 알았더라면 이런 실수를 하지 않았을 텐데' 라고 아쉬움을 갖는 경우가 있다. 이순(耳順)이라는 나이를 바라보는 저자의 인생에서 느낀 아쉬움과 개선점을 글로 남김으로써 '여러분이 더 나은 인생을 살아갈 수 있지 않을까?'라는 생각에 이 글을 쓰고자 한다.

　'나를 알고 적을 알면 백전백승'이라는 말이 있다. 만약 10대에서 60대까지 각 세대의 해야 할 일과 개선점에 대해 인생의 시작에서 부터 알게 된다면 그 삶은 백전백승에 가까워질 것이다. 그러나 10대에서 60대까지의 삶에 대한 인생사를 한꺼번에 깨닫기는 어려운 일이다.

　그러므로 이 책을 읽고 난 후 이 책의 내용을 점차적으로 깨우치게 된다면 그렇지 않은 사람들보다 당신의 인생은 더 멋지고 알차게 꾸려질 것이다. 즉, 삶의 선택지에서 남보다 정확하고 행복해질 수 있는 길을 선택함으로써 당신의 인생에서 더욱 성공적이고 빠른 승리자가 될 수 있을 것이다. 이번 장에서 말하고 있는 내용을 얼마나 빠르고 효율적으로 깨닫느냐에 따라 당신은 성공적인 삶을 살아갈 수 있고, 성취도와 만족도가 높은 인생을 살아갈 수 있을 것이다.

1
10대는
황금 레시피의 기본!
창조적인 능력을
길러라

창조적 능력을 배양하며
자연과 함께 유년기를 보내다

유명한 맛집에서 가장 중요한 것이 무엇인가? 바로 좋은 재료와 비법이 담긴 양념이다. 아무리 맛있게 생긴 요리라도 상한 재료로 요리한다면 아무도 먹지 않는 요리가 된다. 그러나 싱싱하고 좋은 재료는 어떠한 요리에 들어가도 좋은 맛을 내고 건강한 요리가 된다. 즉, 유년기에 인생의 기초설계가 얼마나 탄탄하고 창조적으로 이루어져야 하는가는 신선한 재료를 다듬는 것처럼 중요한 것이다. 어떤 요리에 들어가도 좋은 맛을 내는 좋은 재료처럼, 어린 시절의 창의력 개발은 다양한 환경의 변화에도 굴하지 않는 행복하고 성취도 높은 인생을 살아갈 수 있는 비법인 것이다.

유년기를 보낼 때 성공적인 인생을 살아갈 수 있는 창조적인 능력을 길러야 하는데, 이것은 스스로 기르는 것이 아니라 아이가 잠재적인 창의력을 개발할 수 있도록 교육을 받아야 한다고 생각한다. 창조적인 인간의 역량을 갖춘 튼튼한 유년기는 청년기에 충분한 창조적 역량을 발휘할 수 있는 토대가 되고, 장년기에는 도전과 변신으로 성취도 높은 결실을 맺을 수 있는 양분이 되는 것이다. 그래야 인생의 마무리 단계인 노년기에 후회 없는 만족한 삶을 살았다고 스스로 자평할 수 있을 것이다. 또한 많은 사람들이 '저 사람은 참 멋지게 인생을 살았다'고 말해주는 삶을 살았을 때, 자신도 웃으면서 노년기에 인생을 마무리할 수 있을 것이다.

창조적 사고와 창의적인 인간이 만들어지기 위해서는 부모들이 자녀들의 유년기에 생활 방식과 놀이 문화를 통하여 창의력을 기를 수 있는 환경을 만들어 주어야 한다. 나는 운이 좋게도 어린 시절을 자연과의 놀이 문화를 통하여 간접적으로 창조적인 아이디어 개발 능력을 기를 수 있었는데, 이것은 자연과 놀이 문화에서 창조적으로 아이디어를 생각해내고, 그것을 개선하는 방법을 연구하는 가운데 가능했다고 생각한다.

이 책에서 창의력을 발휘하고 양성하는 과정을 부모들이 이해하고, 이 책의 내용을 참조하여 부모들은 자녀들에게 교육 환경을 만들어 줄 수 있어야 한다. 그 방법은 실제 나의 경험을 토대로 자녀들의 교육하는 방법을 배울 수 있도록 이 책에서 서술하였다.

유년기에 창조적인 능력을 배양하게 되면 보통 사람이 만들어 내기 어려운 '톡톡 튀는 아이디어'를 만들어내고, 중요한 정보를 찾아내서 청·장년기를 거치면서 수많은 환경의 어려움을 만났을 때 가장 효율적이고 현명하게 삶을 선택할 수 있는 기초가 된다고 생각한다. 이렇게 창조적인 사람으로 성장하여 인류에 기여할 수 있는 삶의 기초를 만들어야 한다는 것이 내가 주장하는 창조적인 사람이 되기 위한 레시피다.

이 방법은 구체적으로 4장에서 사례를 들어서 설명하려고 한다. 어린이의 놀이 문화에서 사용되는 도구와 자연의 현상을 결합하여 여러 가지 기능을 창의적으로 개발하고 개선하며, 기능을 보완하여 창의력을 기르는 것이 유년기의 교육 목표인 것이다. 다람쥐를 생포하는 도구를 만들고, 생쥐를 생포하는 쥐덫을 만들며, 자연의 생리적 습성을 이용하여 메기를 잡고, 겨울에 새 그물망으로 더 많은 새를 잡는 그물망을 만들었으며, 섬진강에서 민물 게를 더 많이 잡을 수 있는 도구를 만들고, 겨울에 공격용 방패연을 만들었으며, 여름에 강물에서 은어의 생리적 습성을 이용하여 맨손으로 은어잡기 등과 같은 놀이를 통하여 창의력과 도구를 개선하는 창조적 능력을 길렀다. 여러분의 자녀들도 이 방법을 응용하여 부모님이 자녀들에게 창의력을 기를 수 있는 교육 환경을 만들어 줌으로써 창조적인 역량을 기를 수 있기를 바란다.

에디슨이나 세종대왕과 같은 창조적 역량을 발휘했던 위인들도 어릴 때나 어른이 되어서도 항상 창의력을 계발하고, 그 결과를 비

교 평가하여 개선하는 방법으로 훌륭한 업적을 남겼다고 기록되어
있다. 즉, 위대한 삶을 살아온 위인들의 삶의 창조력 레시피를 바로
이 책에서 가르쳐주는 것이다.

우리 집안의 장손이었으며, 시골의 꿈 많은 소년이었다

우리 마을은 서씨와 윤씨의 집성촌이었다. 그러나 할아버지는 전
남에서 이사해 오신 외톨이였고, 그래서 유난히도 우리 집안을 일
으켜야 한다는 말씀을 강조하셨던 것 같다. 왜냐하면 옛날 집성촌
에서는 유난히도 외부에서 이사 온 사람들을 배척했기 때문에 그곳
에서 겪은 외로움과 서러움이 많으셨기 때문이었을 것이다. 그래서
**나는 항상 우리 김씨 가문을 일으켜야 한다는 책무를 안고 살아가
는 꿈 많은 소년이었다.**

출세한 사람이 없는 집안에서 태어났기 때문에 공부할 때도 항상
미래에 대한 불안감에 시달렸다. 나의 DNA가 성공할 수 있는 DNA
를 가지고 있는지를 알 수 없어 미래가 불확실했기 때문이다. 그때
만 해도 시골에는 일자리가 공무원이나 은행원 정도밖에 없었다.
그중에서도 공무원이 된다는 것은 상당히 성공한 사람이 된 것과
다름없었다.

항상 할아버지는 "너는 우리 집안의 장손이니 면 서기는 되어야
한다."라고 말씀하셨다. 그래서 나는 우리 집안의 명예를 걸고 장손
으로서 열심히 공부하여 면 서기가 되어야만 했다. 할아버지의 소

원을 풀어드리는 것이 나의 사명이었다. 내가 반드시 일궈내서 우리 집안이 마을의 리더가 되는 훌륭한 집안으로 일으켜야 한다는 생각을 하며 살았다.

어릴 때 우리 할아버지는 마을의 인근 지역에서 상당히 알려진 수의사였다. 그러나 유명한 수의사라고 해 봐야 농사일을 하면서 수의사 일을 하고, 대가로 담배를 한두 봉지 받고, 술 한 병을 받는 것이 고작이었다. 말하자면 의료 역할을 하는 일은 모두 봉사로 하는 것이었다. 그때는 병원이 거의 없었고, 남원 시내까지는 너무 멀어서 아무리 아프더라도 어지간하면 병원에 잘 갈 수가 없었다. 그리고 그때는 유난히도 머리에 부스럼도 많이 나던 시대였다. 그래서 부스럼이 나면 인근 마을과 곡성읍 사람들이 우리 집으로 모여들었고, 그 치료를 우리 할아버지가 모두 맡아서 했다. 수의사 겸 의사였던 것이다. 아마 그때 우리 할아버지께서는 훌륭한 의사였다. 그래서 할아버지의 DNA를 물려받은 나도 늦게나마 공부를 하여 박사 학위를 받았고, 기술사를 취득하게 되었으며, 대학장까지 될 수 있었는지도 모른다.

우리 할아버지가 돌아가실 때 나는 우리 집안에서 유일하게 대학을 졸업한 사람이었다. 할아버지는 나를 포항제철에 입사하여 미래가 촉망되는 젊은이라고 생각하시며 돌아가셨다. 그나마 할아버지의 소원을 조금이나마 풀어드릴 수 있게 되었다고 생각했다. 내가 대학장까지 올라가고 박사까지 되었다는 내용을 알게 되신다면 얼마나 기뻐하실지 눈에 선하게 떠오른다. 그래서 나도 우리 아들에게 너는 우리 가문의 장손이라는 것을 잊지 말아야 한다고 말한다. 또, 아버지보다 훌륭한 사람이 되어야 한다는 자신감도 가지라고 이야기한다. 즉, 아들 교육은 이렇게 책임감을 부여하여 부담을 가지고 스스로 열심히 살아가야 하는 기초적인 마음가짐을 가질 수 있도록 하는 것이다.

위인전을 읽고, 나의 꿈과 희망을 품었다

나는 중학교 시절에 유난히 위인전을 많이 읽었다. 정확하게 기억은 나지 않지만 세종대왕, 에디슨, 삼국지, 이순신 등의 영웅전들을 재미나게 읽고 성공적인 삶을 꿈꾸며 살았다. **발명왕 에디슨은 어린 시절에 엉뚱하지만 자연의 원리를 연구하고 실험해보는 방식으로 창조적인 발상을 키웠다. 그 덕분에 훌륭한 전기, 전구, 축음기, 영화 등과 같은 많은 발명품을 발명하게 되었다.**

세종은 태종이 잡아놓은 국가의 골격을 완성해 나가는 방법으로 나라를 이끌어 가면서 매우 학구적인 방법을 택했다. 선현들의 지혜를 신뢰했던 **세종은 우선 유학의 경전과 사서를 뒤져 이상적인 제도를 연구하고, 그것을 바탕으로 골격만 갖춰진 제도를 세부 사항까지 규정해 나갔다.** 작은 법규를 하나 만들 때에도, 그 제도에 대한 역사를 쭉 고찰하고 각각의 장단점을 분석한 뒤 그 단점을 보완하는 방안, 다른 제도와의 관련성과 현재의 상황을 고려하여 보완하고 개선하였다.

이와 같이 세종대왕은 단순히 책을 많이 읽기만 한 것이 아니라 그 내용들을 정리하고 비교 평가하는 능력까지 갖추었다. 세종은 그저 경전의 문구나 외워서 잘난 척하는 것을 경계했으며, 그 내용과 이치를 이해하고 이를 토대로 더 깊은 생각을 하라고 학자들에게 주문했다고 한다.

여기서 **이 두 분의 공통점을 발견할 수 있는데 항상 사안을 연구하고 비교 평가하여 개선하는 역량을 가진 사람이 훌륭한 위인이 된다**는 것이다. 그래서 나도 이 위인들을 벤치마킹하여 책에서도 항상 사례를 쓰고 그 결과에 대하여 평가하고 개선하는 것을 규칙으로 삼았으며, 사안에 대하여 비교 평가하고 개선하는 방법으로 노력하며 살아왔다. 이 책의 주제를 '톡톡 튀는 아이디어로 성공적인 나의 인생 레시피 만들기'라고 쓰게 된 것과 '잘나가는 사람의 성공기법을 벤치마킹하라'는 것도, 비교 평가하여 개선하는 것이 창조적 인간을 만드는 특효약이며 키워드라고 생각하기 때문이다.

내가 항상 사례를 들어서 설명하는 것은 좋은 점을 비교하여 여러분도 배우라는 뜻이다. 사례와 비교하여 성공적인 삶을 실행하고자 할 때, 성공 확률이 더 높고 만족할 만한 성취를 거둘 수 있다고 생각한다. 그리고 내가 반복적인 학습을 통하여 여러 가지 제안한 성공적 법칙을 습득하라는 것도 이러한 맥락에서 강조하는 것이다. 나의 깊은 뜻을 이해하고 여러분이 알아서 깊게 새겨들어주면 좋겠다.

나는 중학교를 다닐 때 정말 공부를 하지 않았던 것으로 기억한다. 그래서 고등학교를 합격하지 못하고 재수를 해야만 했다. 나는 훌륭한 사람이 되고 싶어만 했지 노력은 하지 않았다. 막연하게 면서기가 되는 것이 조그만 소망이자 꿈이었다. 고등학교 때는 사관학교에 입학하는 것이 꿈이었는데, 지금에 와서 생각해보면 꿈이 너무 작았다.

　'꿈이 커야 출세도 할 수 있었을 텐데, 나는 처음부터 꿈도 꾸지 못하고 살았다'는 생각이 든다. 시골이라는 환경에서 태어났기 때문에 처음부터 출세하려는 어떤 큰 꿈을 생각조차 못 하고 지냈던 것 같다. 지방 국립대를 졸업하고도 사법시험이나 행정고시에 합격한 사람이 많이 있다는 것을 40살이 되어서야 알게 되었다. 즉, 우리는 성공할 수 있는 기회가 많지만, 대부분의 사람들은 처음부터 도전을 하지 않는 경우가 많다는 것이다.
　대부분의 사람들 중 어릴 때부터 시장이 될 것을 계획하고 살아온 사람은 거의 없을 것이다. 만약에 같은 또래의 중·고등학생 때부터 시장이 되려는 꿈을 꾸었다면, 역으로 '시장 정도의 직위에 올라가기는 쉽지 않을까?'라는 생각을 해본다. 나도 대학장이 되었지만 40살이 될 때까지 아니 50살이 다 될 때까지 대학장을 꿈꾸어 보지 못했다. 지금 나이 60살이 다 되어서야 '고향에 가서 시장이 되어 볼까?' 하는 계획을 세웠다. '젊어서부터 시장이 되고 대학장이 될 것을 꿈꾸고 살았었더라면 더 높은 자리에 갈 수 있지 않았을까?' 하는 생각도 든다.

2
20대는
플랜 A-C까지
자신의 가능성에
투자하라

미래를 위한
인생을 설계하자

20대에는 나의 인생에 대하여 어떻게 살 것인가를 폭넓게 단계별로 설계하여 준비하는 단계이다. 일반적으로 대학 생활과 신입 사원으로서 직장 생활을 시작하는 시기이기 때문에 인생에서 가장 중요한 시기라고 생각된다. 전공 분야가 결정되고 성인으로서 인생을 시작하는 시기이기 때문에, 이때 쌓은 지식을 기반으로 전반적인 인생을 살아간다고 할 수 있겠다. 이 시기를 어떻게 보내느냐에 따라서 순탄한 인생이 될 수도 있고, 아니면 힘든 인생을 살아가게 될 수도 있을 것이다. 따라서 이 시기에는 인생의 목표를 명확하게 설정하고, 그 목표를 달성하기 위하여 최선을 다해서 배우고 노력해야 할 것이다.

이 시기에는 무엇보다도 현재 실행 가능한 목표를 세우는 것이 중요하다고 생각한다. 현실을 고려하여 너무 낮은 목표를 설정하는 것도, 너무 허황된 목표를 설정하는 것도 좋지 않다.

내가 현실적으로 가능한 가장 높은 목표를 바라보라. 그리고 그 단계를 밟을 현실적인 대안과 계획을 추려서 적어보라. 보통은 대학에서 전공이 결정되면 단지 그 분야에서만 경쟁하고 이겼을 경우를 대비한 목표를 세우는 경우가 많다. 그러나 지금 와서 생각해보면 시야가 너무 좁았다는 생각이 든다.

즉, 자기 전공 분야의 최고봉이 되겠다고 계획을 세우는 것이 어쩌면 당연한 것인지도 모른다. 나도 그렇게 전공 분야에서만 인생의 계획을 세우면서 살았었지만 지천명이 되다보니 그것이 우물 안의 개구리였다는 것을 깨닫게 되었다.

내가 달성할 수 있는 목표는 그때 세운 목표보다 훨씬 많고 넓다는 것을 내 나이 50살이 다 되어서야 깨달았다. **그때는 컴퓨터를 전공했으며, 지방대 출신이라 대기업이 아닌 중견 기업의 전산실장이 최고의 목표라고 생각했다. 그것이 내가 갈 수 있는 최고의 목표이고 다른 길은 없다고 생각했지만 직장 생활을 시작한 지 10년 만에 그 목표를 달성하고 나서야 내 시야가 너무 좁았다는 생각이 들었다. 전공과 관계없이 모든 전공자들이 진출할 수 있는 직업도 많이 있다는 것을 지천명이 되어서야 알게 되었다. 그리고 공통 분야에서 진출할 수 있는 고위직을 염두에 두고 삶의 목표를 재설정하였다.**

즉, 인생의 시야를 좀 더 넓게 보고 1단계 목표, 2단계 목표, 3단계 목표를 세워서 한 단계씩 달성했을 때 그 다음 단계를 향해서 전진한다면 훨씬 효율적이라는 것이다.

나의 예를 들어서 설명해 보면 전산실장뿐만이 아니라, 대학장또는 시장 및 국회의원과 같은 길로 갈 수도 있다는 것을 미리 알았었다면 더 효율적으로 준비하지 않았을까 하는 생각이 든다. 일찍부터 진출할 수 있는 '경우의 수'를 단계별로 설정하였다면 더 높은 직위에 올라갈 수도 있었을 것이다.

20대는 신체적으로 가장 왕성하고 가장 희망적인 시기이며 열심히 노력할 수 있는 시기이다. 그렇기에 내가 갈 수 있는 인생의 모든 경우를 생각해보고 20대부터 많은 자격과 넓은 지식을 갖추어야한다. 즉, 단계별 플랜 A-C를 위한 구체적인 준비가 필요한 것이다. 성공적인 고위직을 달성하기 위해서 박사 코스도 밟고, 기술사, 변리사 등의 자격증도 준비하고, 영어 회화 정도는 자유롭게 구사할 준비를 했었더라면 더 수월하게 목표를 달성하고, 더 높은 고지에 오를 수도 있었을 것이다.

대학 시절에는 일단 대기업에 입사하는 것이 목표였다. 물론 현재의 20대에게는 필수적인 스펙이지만 당시에는 필요 없었던 영어회화나 자격증에 목매달지 않았고, 취득하지도 않았다. 기술사와석사 코스는 생각했지만 목표 달성을 위하여 최선을 다했다는 생각은 들지 않는다. 대학에서 전공이 정해져도 내가 진출할 수 있는 분야가 폭넓게 있다. 따라서 20대의 가장 좋은 결과를 낼 수 있는 젊은 시기에 우리나라의 대학 문화에 편승하는 삶이 아닌 더 넓은 가치를 누리고 그런 세상을 상상할 수 있는 20대가 되기를 바란다.

인생을 살아가는 방법은 20대에 생각했던 것보다도 훨씬 넓고 더 다양하다는 것을 50이 다 되어서야 깨닫게 되었다. 그러나 이 책을 읽은 독자들은 20대에 인생을 사는 방법을 빨리 터득하여 세상은 너무나 넓다는 것을 미리 깨달을 수 있을 것이다. 독자들에게 더 높은 목표를 단계별로 세워서 달성할 수 있다는 것을 알려주고 싶다.

세상은 나만을 위하여
존재하지 않는다

나는 고등학교 입학시험에 실패하여 재수를 하게 되었고, 대학시험에도 실패하여 대학도 재수를 하여 늦게 입학하게 되었으며, 체력도 강하지 못하여 군대도 보충역으로 다녀와야 했다. 정말 내놓을 게 없는 초라한 나를 발견하게 되었다. 나는 10대까지는 '세상이 나를 위하여 존재하는 것 아닌가'라고 생각하며 살아왔다. 그러나 20대가 되어서야 거듭난 실패를 경험하게 되고, 이 세상이 나만을 위하여 존재하지 않는다는 것을 스스로 깨닫게 되었다. 우리 집안이 훌륭한 집안도 아니어서 나의 미래는 공포감으로 엄습해 왔었다. 우리 집안에 면 서기를 지낸 사람이 한 명도 없어서 '내가 공부를 열심히 한다고 해서 성공할 수 있을까'라는 의문이 공포로 엄습해왔던 것 같다.

그때 우리 집안 어른 중에서 내가 어릴 때 월남에 파병되어 전사하신 삼촌이 있었다. 나는 삼촌이 나를 보살핀다고 생각하며 나의 조상신으로 믿고 살기 시작했다. 어려울 때면 삼촌에게 기도를 하며 도와달라고 빌었다. 나는 우리 삼촌께서 반드시 도와주실 것이라는 확신을 가지고 살아왔다. 그래서 그런지 어려울 때면 항상 나를 도와서 극복할 수 있는 힘을 주시는 것 같았다. 때문에 나는 지금도 모든 일에 조상이 도와주신다는 자신감을 가지고 살아가고 있다. 나는 아무리 힘든 일도 어떻게든 극복할 수 있도록 나를 도와주신다고 생각하고 있으며 지금도 그렇게 믿고 살아가고 있다.

나는 거듭된 실패를 거울삼아 더욱 열심히 살아야 했다. 20대 때 실패를 거듭하고 너무나 어렵게 살았지만 세상이 나만을 위하여 존재하지 않는다는 것을 확인하게 되었으며, 열심히 자력으로 살아야 생존할 수 있다는 것도 알게 되었다. 노력 끝에 지방 국립대학에 입학하게 되었으며, 인기 많았던 컴퓨터를 전공하게 되었고, 국영 대기업에 입사하게 되었다. 지방대에 보충역 출신인 내가 국영 대기업의 필기시험에는 합격하였으나 면접시험에 합격하기는 어려울 것이라는 생각을 하기도 했다. 그러나 특별한 순발력으로 창의력을 발휘하여 합격하게 되었다. 그 내용은 뒤에서 자세하게 설명하기로 하겠다.

즉, 나의 20대는 '일보 후퇴가 이 보 전진'이라는 격언을 따르려는 듯 일보 후퇴하여 직접 쓴맛을 경험한 힘들었던 시기였다고 생각된다. 결론적으로 이 절에서는 실용적인 삶과 고진감래라는 격언을 키

워드로 제시하고자 한다. 나의 20대는 '젊어서 고생은 사서라도 해
야 한다'는 격언의 교훈을 직접 경험한 시기라 할 수 있을 것 같다.

3
30대는
나보다 능력자를
추월할 수 있는
호기이다

30대는 인생에서 가장 중요한 호기라고 생각한다. 학생 시절 나보다 똑똑하고 능력 있는 친구들을 따라잡을 수가 없었다면, 30대에는 그 친구들을 추월할 수 있는 좋은 시기라는 것을 여기서 두 가지로 설명하고자 한다.

그 첫 번째는 30대는 자기가 선천적으로 타고난 능력을 극복하고 극대화할 수 있는 시기라는 것이고,

두 번째는 직장을 옮기거나 상사가 바뀌더라도 없어지지 않는 자기 관리에 중점을 두어야 한다는 것이다.

우리가 인생을 살아가는 데 있어서 모든 사람은 능력을 다르게 가지고 태어났고, 내가 달성할 수 있는 능력에는 한계가 있다. 20대까

지는 모두가 공부가 전업이고 목표라는 것이다. 그래서 만약 내가 타고난 능력이 부족하다면 학생 시절에는 학업 성적도 별로 좋지 못할 수 있다. 그러나 사회에 진출하는 30대에는 이것에 변화가 온다. 다시 말하면, 이 시기에 모든 사람의 목표가 공부는 아니라는 것이고, 따라서 다른 사람들이 노력을 잠시 쉬는 시기에 자신의 성장을 위하여 열심히 공부를 한다면 내가 능력이 좀 부족하더라도 나보다 우월한 친구들을 따라잡고 앞서 갈 수 있는 호기라는 것이다.

첫째, 토끼와 거북이의 이야기에서 거북이는 정상적인 방법으로는 절대로 토끼를 추월할 수 없는 구조이다. 즉, 이것이 내가 이 책에서 독자들에게 전달하고자 하는 황금 레시피 중 가장 중요한 키워드 중의 하나인 잠자는 토끼 이야기이다. 이 얼마나 좋은 기회인가? **나보다 우수한 경쟁자가 쉬고 있을 때 달려서 경쟁자들보다 앞서 갈 수 있는 좋은 기회를 놓쳐서는 안 된다.** 이 시기는 인생에서 자기가 노력한 효과가 어느 시기보다도 가장 높게 나타날 수 있으며, 나도 이것을 30대부터 깨달았더라면 훨씬 성취도가 높은 인생을 살았을 것 같다는 생각이 든다. 나는 40대에 이것을 깨닫게 되어 40대에 재충전에 들어가게 되었으며 늦게나마 토끼를 따라잡았다고 생각한다. 얼마나 다행인가. 결승점에 도달하기 전에 토끼를 따라잡았다는 것이 너무나 행복하고 자랑스럽다. 나는 늦게나마 나보다 공부를 잘했던 친구들을 대부분 추월할 수가 있었다고 말할 수 있다.

둘째, 자기 관리에 목숨을 걸어야 한다. 즉, **영어 실력을 기르는**

일, 석·박사 과정을 밟는 일, 전공 분야의 변호사, 회계사, 기술사나 변리사 자격증을 취득하는 일과 같이 평생 가지고 다닐 수 있는 자기 관리에 투자해야 한다. 물론 직장의 업무를 소홀히 하고 자신의 역량에만 몰두하라는 것은 아니다. 회사에서 동료들에게 무능력자로 피해를 줘서는 안 되겠지만 그렇다고 업무에만 올인 하여 자기 관리를 소홀히 해서는 더욱 안 된다는 것이다.

나는 30대의 목표치가 전공 분야의 전산실장이었기 때문에 회사에서 전공 분야만 열심히 연구하고, 매일 새벽 2시까지 상사에게 잘 보이기 위하여 직무에 열중했었다. 그래서 동료들에게 능력도 인정받고 상사에게도 능력 있다는 평을 듣게 되었다. 전공 분야에서 창조적인 능력을 인정받기 위하여 프로세스를 설계하고 개선하여 좋은 평가를 받았으며, 그때는 그게 최선이라고 생각했기 때문이다. 그러나 그것이 전부가 아니라는 것을 다른 회사로 옮겨 가고 나서야 알게 되었다. 회사에서 인정받은 평가는 회사를 옮기거나 상사인 임원이 바뀌고 나면 다시 처음으로 돌아가게 된다. 모든 평가나 업적이 사라지고 없어져 새로 시작한다는 뜻이다.

그래서 평생 가지고 다닐 수 있는 자기 관리 부문에 40%와 직무에 60% 정도 이상을 투자한다면 인생의 황혼기에 자기 성취에 대하여 만족한 웃음을 지을 수 있게 된다. 자신을 전체적으로 보고, 실용적인 측면을 생각해서 직장의 직무와 자기 관리를 병행하여 효율적으로 하는 것이 인생에 있어서 매우 중요하고, 성공적일 수 있다는 것을 독자에게 알려주고 싶다.

4

40대는 성공적인 삶을 위해 인생을 재충전하자

40대에는 일반적으로 어느 정도 인생의 성취가 완성되고, 성장의 한계에도 부딪힌다. 즉, 40대에는 20대에 준비한 능력을 발휘하여 그 결과를 얻기 시작하는 시기이다. 그래서 자신의 역량이 어느 정도라는 것을 깨닫게 되고, 내가 어디까지 갈 수 있고, 얼마나 성취할 수 있을 것인가를 가늠해 볼 수 있는 시기이다. 한편으로는 심리사회학자 에릭슨의 주장대로 자기의 능력 부족에 대한 불만과 침체감도 나타날 수 있을 것이다. 그러나 이번 장에서 그렇지 않다는 것을 설명하고자 한다.

첫째는 일반적인 삶 외에도 우리가 생각하기에 따라서 훨씬 넓은 세계가 펼쳐져 있다는 것을 이야기하려고 한다. 컴퓨터 1세대의 전공자다 보니 10년 만에 목표였던 중소기업의 부서장이 될 수가 있었다. 지방대 출신이라 전공 분야의 대기업으로 상향 전직하기는 더욱 어렵다고 생각되었다. 그러던 중 대학에서 겸임 교수 제안이 들어왔다. 최종 학력은 학사였지만, 석·박사 없이도 대기업 등의 전산실 실무경력이 있으니 겸임 교수가 가능하다는 것을 알게 되었다. 더 이상의 희망이 없다고 생각하고 낚시를 하며 무료하게 삶을 보내던 중이라 두려움도 있었지만, 대학에 출강하고 보니 나의 분야에서 진출할 수 있는 또 다른 방법이 있다는 것을 깨닫게 되었다.

신입 사원 시절에 목표가 그 회사 전공 분야의 부서장이나 아니면 관련 분야 중견 기업의 전산실장이 내가 최고로 갈 수 있는 직위라고 생각했으나, 그렇지 않다는 것도 알게 되었다.

그래서 40이 넘어서 재충전하기로 마음을 굳히고, 희망을 찾아서 또 다른 길을 걷기로 인생을 다시 설계하게 되었다. 지금에 와서 생각해보면 너무나 행복하고 오아시스가 있는 신천지가 나타난 것이나 마찬가지였다. 내가 살아온 인생에서 가장 보람되고 알차게 살아온 나이가 40대라는 생각이 든다. 이 재충전이 나의 인생의 항로를 완전히 바꿔놓은 계기가 되었고, 한 단계 업그레이드된 나의 인생을 살아가게 만들었다고 생각한다. 이러한 재충전의 기회가 없었다면 아마도 나는 평범한 회사원으로, 그냥 보통 사람으로 인생을 살았을 것이다. 천우신조로 성공적인 인생 레시피를 만들도록 도와주신 것에 감사하고 또 감사하다는 생각이 든다.

그래서 40대가 되어 대학원 석사과정에 입학하게 되었고, 박사과정까지 가게 되었다. 그때는 설령 박사과정을 마치고 좋은 직위에 가지 못하더라도 공부에나 여한이 없도록 해야겠다고 생각했었다. 그러니 늦었다고 생각하는 때가 가장 빠른 때라는 말을 믿기로 하고 실행에 옮겼었던 것이다. 그리고 늦은 나이에 교수가 되기 위해서는 젊은 경쟁자들보다 경쟁에서 우위에 서야 하기 때문에 기술사 자격이 있어야 가능하리라는 생각이 들었다. 결국 성공적으로 기술사와 박사 학위를 취득하였고 그것을 활용하여 충분한 직위에 갈 수 있었다. 나의 경험에서 미루어 보건대 **40대에도 추가적인 석·박사 과정이나 자격증 공부를 통하여 재충전할 수 있는 기회로 삼을 수 있다. 늦었다고 생각할 때가 가장 빠른 때라는 것을 독자들에게 꼭 전달하고 싶다.**

둘째는 40대는 인생에 있어서 삶의 방법을 가장 잘 터득한 나이라고 할 수 있다. 이제는 살아가는 방법에 대하여 자신도 생기고 자신의 역량을 알고 깨우칠 수 있는 나이라고 할 수 있다. 따라서 톡톡 튀는 아이디어를 발휘하고 변신에 도전해야 한다. 대부분의 사람들은 한 직장에서 평생을 살아가야 한다고 생각하고, 고정 관념에 사로잡히고 반복적인 생활의 틀에 박혀서 인생을 살아간다. 그러나 40대에는 자신을 뒤돌아보고 다시 한 번 인생을 어떻게 살 것인가를 넓게 살펴보아야 한다. **세상은 넓고 할은 많다. 인생을 터득하였으니 우물 밖으로 나갈 수 있도록 기회를 찾아서 우물 밖으로 나가도록 노력해보자. 인생에서 한번쯤은 변신이 필요하다.** 왜냐하면 40대는 삶의 역량이 절정기에 달하는 때라고 할 수 있기 때문에 그만큼 성공 확률도 높을 것이며 성공적인 변신이 가능하다고 말하고 싶다. 즉, 세상을 가장 넓게 보고, 정확하게 볼 수 있는 나이가 불혹이라고 할 수 있으므로 아무리 인생을 보수적이고 안정을 추구하는 삶으로 살아가기를 원하는 사람도 40대에 한번쯤은 과감한 도전으로 인생역전의 기회를 잡아보기를 권고하고 싶다.

나는 깨달음을 실행에 옮기기 위하여 40대에 학생으로 돌아가서 석·박사와 기술사를 취득하였으며, 교수로 변신하고 정치에 도전하였다. 그래서 나의 인생을 크게 바꾸고 인생역전을 이루었다고 말하고 싶다. 독자들도 과감한 도전과 변신으로 인생역전의 홈런을 날릴 수 있는 발판을 마련해야 하는 나이가 불혹이라고 말하고 싶다. 나의 역량이 최고조에 달하는 때이니 두려워하지 말고 과감하게 타석에 올라서 만루 홈런을 날릴 수 있기를 권고한다. 기업체의 사장이나 공기관의 기관장을 도전할 수 있는 나이가 불혹이라고 말하고 싶다. 친구들과 같은 보통사람에서 성공적인 저명인사로 변신하는 갈림길의 나이가 대부분 40~50대에 이루어진다.

5

50대는
인생의 절정기로
웰빙과 변신에
도전하자

나의 이력서에
최고의 경력을 추가하자

50대에는 인생의 방향을 크게 두 가지로 나누어 삶의 목표를 설정한다. 지금까지 기른 역량을 활용하여 최대의 결실을 맺어야 하는 황금기가 되어야 한다는 것과 자연과 함께하는 웰빙의 놀이 문화를 찾아서 행복한 삶을 즐겨야 한다는 것이다.

첫째, 50대에는 그동안 쉬지 않고 열심히 노력한 결과를 성과물로 맺을 수 있도록 해야 한다. 성취도 높은 삶을 살기 위하여 자기가 갈 수 있는 모든 길을 찾아서 창조적인 변신을 함으로써 인생의 최대 황금기를 누려야 한다. 지금까지 쌓아온 역량들을 이용하여 최고의 성취도를 높일 수 있는 시기이므로, 창조적인 역량도 최대의 효과를 거둘 수 있어야 한다. 그래서 나도 50대에 인생의 항로를 변경하였고, 새로운 도전으로 인생을 개척하여 성공적인 레시피를 만들었다는 사례의 결과를 설명하고자 한다.

나는 40대에 박사 학위와 정보처리Ⅱ 기술사를 취득하였고, 정보처리 분야의 다양한 국가기관의 활동 경력과 국제 전문가 활동으로 이력을 쌓았다. 이러한 이력을 이용하여 정보화 분야의 공모직 기관장을 찾으려고 노력하였으나 기득권 세력의 벽이 높아서 불가능하다는 것을 깨닫게 되었다. 이러한 기득권의 문제점을 극복하기 위해서 다른 방법을 찾아야 한다는 것을 알았지만, 나는 시골 출신인데다 학벌도 좋지 못했고 성격도 내성적이라 어려움이 많았다. 이것을 극복하기 위해서는 정치권에 진입하는 것이 가장 좋은 방법이라고 생각하게 되었다.

충분한 자격을 갖추고도 장벽에 막혀 고위직을 포기할 수는 없었고, 그렇다고 해서 불이익을 받아서도 안 된다는 생각이 들었다. 정치는 생소한 영역이었지만 내 앞에 닥쳐오면 반드시 도전해야 한다는 생각을 굳히고 정치권에 도전하기로 마음먹었다. 전주에서 국회의원에 도전하였으나 예상한 대로 낙선하였다. 그러나 이는 정치권의 인맥을 잡는 기회가 되었다. 그리고 전공 분야와 관계없이 진출할 수 있는 공통 분야가 있다는 것 또한 알게 되었다. 나는 대학의 학장에 도전하게 되었고, 국책 대학의 대학장이 될 수가 있었다. 대학장이 그리 높은 직위라고 할 수는 없지만 시골 마을에서 태어나면 서기가 목표였던 나로서는 성취도가 높은 직위에 올랐다고 생각된다.

둘째, 50대에는 웰빙 생활로 엔도르핀이 솟는 인생의 즐거움과 행복을 찾아야 한다. 50대에는 뒤도 돌아보고 좌우도 살펴보면서 이웃과 주변도 살펴볼 줄 알아야 하는 시기이다. 50대가 되면 건강에 이상 징후가 나타나기 시작하는 시기이다. 나의 인생은 어땠는가? 경쟁의 세계에서 살며 건강을 망치지는 않았는지 돌아볼 시기인 것이다.

번 아웃 증후군burn-out syndrome이라는 말이 있다. 이에 대하여 간단히 소개하면 미국의 정신분석 의사인 H. 프뤼덴버그가 자신이 치료하던 한 간호사에게서 이 증후군의 최초 사례를 찾아내면서 사용한 심리학 용어다. 어떤 일에 지나치게 집중하다 보면 어느 시점에서 갑자기 모두 불타버린 연료와 같이 무기력해지면서 업무에 적응하지 못하는 것으로, 일이 실현되지 않을 때나 육체적 피로와 정신적 피로가 극도로 쌓였을 때 나타나는 증후군이다. 일과 삶에 보람을 느끼고 충실감에 넘쳐 신나게 일하던 사람이 어떤 이유에서인지 그 보람을 잃고 돌연히 슬럼프에 빠지게 되는 현상이다.

그러므로 이제 **노년기를 활동적으로 건강하게 살기 위해서, 50대에 자연과 함께하는 웰빙과 건강 생활로 체력을 길러야 한다.** 모든 건강은 스트레스가 좌우하므로 스트레스도 피해야 한다. 이때는 신체적 건강의 갱년기가 오는 시기이므로 건강을 해칠 정도로 너무 욕심을 부리지 말아야 할 시기이기도 하다.

건강이 인생의 절정기를 지나고 하향 곡선을 그려가는 시기이므로 약간의 여유도 찾고, 그동안 하고 싶었던 생활도 즐겨볼 때인 것이다. 물론 60대에 인생의 여유를 즐겨도 된다고 생각할 수 있겠지만 다시 건강을 회복할 수 있는 나이는 50대이기에 후회 없는 삶을 위해서 마지막 인생을 즐겨야 한다. 그래서 나는 50대에 여러 가지의 자연과 함께 즐길 수 있는 웰빙 아이템을 찾아 나섰다. 이렇게 나는 건강도 찾을 수 있었다. 독자들도 이러한 놀이 문화를 찾아서 건강과 행복을 즐길 수 있기를 바란다.

인생에서 못다 한
여유 생활로 웰빙을 즐기자

50대가 되면 누구나 이제는 인생을 어느 정도 깨우쳤다고 생각하게 된다. 쉰 살을 뜻하는 '지천명知天命'은 하늘의 뜻을 깨우쳤다는 뜻이니, 인생을 사는 방법론의 고수가 되었다고 생각할 만하다. 이때는 자녀들의 양육도 어느 정도 마칠 때이고, 금전적으로도 여유를 찾을 때이다. 그래서 그동안 잊고 정신없이 살았던 나의 인생을 뒤돌아보고, 친구도 찾게 되는 때라고 할 수 있다.

또한 자신의 건강에 자신감이 떨어지기 시작하는 때라고도 할 수 있다. 자동차로 말하면 3년이 넘어서 고장이 발생하기 시작하는 시기라고 생각된다. 따라서 꺼져가는 마지막 열정을 불태우고 즐겨야 하는 시기인 것이다. 즉, 아무리 바빠도 행복하고 즐거운 시기를 보내야 하는 시기여야 한다. 지금까지는 열심히 돈을 벌고 가족을 부양하며 자식을 양육하기 위해 살았다면, 이제부터는 돈을 써야 하는 시기다. 나를 위하여 웰빙을 즐겨야 한다.

이 웰빙을 어떻게 즐기느냐가 중요하다고 생각한다. 누구에게나 인생관이 있고, 또 그 인생관이 각자마다 다르지만, 그러나 가장 효과적으로 살아가는 방법은 보통 사람이 즐기는 방법과 같이하는 것이라고 생각한다. 나는 40대부터 가끔씩 주변의 관광지를 돌아다니며 여유 있는 삶을 즐겨왔다. 그리고 50대에는 등산을 본격적으로 하면서 건강을 위한 인생을 즐겨왔다. 왜냐하면 체력이 인생의 경쟁력이라는 것을 깨달았기 때문이다. 50대에는 체력도 조금씩 떨어지고 건강에도 이상이 발생하기 시작하는 시기라 등산에 취미를 붙였다. 등산만큼 좋은 운동은 없다고 판단했기 때문이다. **등산은 일거다득이 되는 운동이라고 생각하여 등산 예찬론자가 되었다.**

등산의 장점을 설명해 보겠다.

첫째, 등산은 건강관리에 가장 효과적인 유산소 운동이다.

둘째, 산의 정상에 올라가면 가장 행복한 성취감을 맛볼 수 있어서 건강에 좋다.

셋째, 숲 속에 가면 건강에 좋은 피톤치드를 더 많이 마실 수 있어서 좋다.

넷째, 전국적으로 다니기 때문에 가는 곳마다 철에 따라 나오는 제철 음식을 맛볼 수 있다. 주꾸미, 낙지, 꼬막, 회 등등.

다섯째, 계절에 맞는 진달래, 철쭉, 튤립, 원추리, 단풍 등등의 꽃과 축제를 구경할 수 있다.

여섯째, 좋은 경치를 만끽할 수 있는데 겨울 눈꽃, 암릉의 멋진 바위산, 멋진 바다가 있는 섬들을 구경할 수 있다.

일곱째, 방방곡곡을 돌아다니면서 유적지나 절경을 감상할 수 있는 기회가 온다.

여덟째, 꽃보다 더 아름답고 사랑스런 이성 친구들이 많이 있어서 더욱 좋다.

나도 처음에는 무엇을 즐겨야 할지 막연하여 연구도 하였으며, 경험에 의하여 찾아낸 놀이 문화를 즐기기 위하여 노력하였다. 등산도 좋지만 등산이 성격에 맞지 않는 사람들은 골프, 사진, 서예, 생활체육 등의 취미 생활을 선택하여 즐길 수 있는 즐거움을 맛보기를 권고한다.

건강한 삶을 위하여
웰빙 친구를 사귀자

50대는 인생의 절정기이고 마음의 수양과 인격도 완벽하게 갖추어가는 시기라고 이야기하고 싶다. 이 시기에 건강은 내리막길을 걷게 되지만, 사회적이나 경제적으로나 여유가 생기는 시기로서 삶의 여유를 가지고 이성 친구들도 편한 마음으로 만날 수 있는 때라고 할 수 있다. 초등학교 친구들을 포함한 동성 친구뿐 아니라 이성 친구들도 함께 만나 즐길 수 있도록 노년기의 외로움을 대비해야 한다고 생각한다.

이 나이는 정말 서로 간에 부담이 없이 젊어서 못다 한 우정도 나누고, 사랑도 할 수 있는 좋은 나이라고 생각된다. 소위 "내 나이가 어때서 사랑하기 딱 좋은 나이인데"라는 유행가의 가사가 생각난다. 이때는 아내도 집안의 한 가족이 되어서 이성으로 감정이 크게 느껴지지 않을 정도로 가까워지기 때문에 가족이 아닌 친구를 사귀는 것도 좋을 것 같다. 웰빙 친구도 몇 명이 있으면 마음도 설레고, 자동차로 드라이브하면서 자연의 웰빙을 만끽할 수도 있다.

물론 아내와 함께하는 것도 하나의 즐거움이지만, 이성 친구들과의 외출도 또한 다른 맛을 느낄 수 있다. 나도 **등산을 다니며 많은 웰빙 친구들과 사진도 찍고, 맛 좋은 음식도 먹으면서 산수를 구경하다 보면 초등학생 시절이 생각나고, 그 시절에 다시 온 것 같은 느낌이 들기도 한다.** 산행 중에 남녀가 뭉쳐서 삼삼오오 사진을 찍으면서 즐거워하는 모습을 보면 정말 고교 시절을 방불케 한다는 것을 알 수가 있었다. 그리고 보고 싶은 친구가 있으면 설렘으로 건강에도 도움이 된다고 생각한다. 왜냐하면 엔도르핀의 생성에도 도움이 되어 건강한 생활과 노화 방지에도 상당히 도움이 될 것이기에 반드시 필요하다는 생각이 든다.

이때쯤 되면 불륜으로 가정의 파탄이 일어나거나 그럴 일도 없는 나이라고 생각한다. 그리고 남녀의 친한 사람들과 산이나 섬으로 여행도 떠나고 학생 시절처럼 제2의 젊음을 즐길 수 있는 나이라고 생각한다. 나도 처음에는 산악회에서 재미나게 등산도 하고, 친구들과 서로 간의 인생사를 이야기하면서 재미나게 여행도 하였다. 그러다 남녀들이 모여서 섬으로 낙지도 잡으러 가고, 고사리도 채취하러 가기도 해보았더니 너무나 재미있고 새로운 묘미를 느낄 수 있었다. 애인까지는 아니지만 친한 친구를 사귀게 되면 서로에게 부담도 주지 않고, 가끔은 가족에게 하지 못하는 세상사 이야기도 나누며 조언도 받을 수 있어서 더욱 좋다.

특히, 웰빙 생활을 즐기기 위해서는 친구들과 삼삼오오로 짝을 지어 함께 즐기면 더욱 재미나다는 것을 알 수 있을 것이다. 우리는 50대가 되면 인생이 뭐 별 거 있냐고 느끼게 되고, 얼마 남지 않은 인생을 더욱 즐겁게 살아야겠다는 생각이 드는 나이라고 할 수 있다. 나는 산악회를 다니면서 등산 일기도 쓰고, 가는 곳마다 사진을 찍어서 사진첩을 만들고 있다. 나중에 70대가 되어서 사진첩이나 자서전을 만들기 위해서 자료를 모으고 있는 것이다. 직장을 은퇴한 후에 70대가 되면 회고록도 써야 하기 때문이다. 인생을 보람되고 후회 없이 살았다고 스스로 자평할 수 있다면 얼마나 성취도 높은 행복한 인생을 살았다고 할 수 있겠는가? 지금이라도 인생을 잘 마무리하기 위하여 한 번쯤의 재미난 이야기도 사전에 준비하고 계획하는 것도 좋을 것 같다.

6

60대는
이제
두 번째 인생의
시작이다

두 번째 인생을
준비하자

60대는 제2의 인생을 살아가기 위하여 재교육 및 재생산의 인생을 살아가야 한다. 60대가 되면 일반적으로 젊어서 다니던 직장 생활이 마무리되게 된다. 그러나 요즘은 60대를 노년기라고 생각하고 생산적인 직업이 없이 여유 생활만 하기에는 너무 이른 나이다. 다니던 직장 생활을 그만두고 갑자기 무료한 생활을 하게 된다면 건강이 갑자기 악화될 수도 있고 급격한 노화 현상이 발생할 수도 있기 때문이다. 매일 다니던 직장의 바쁘던 일이 갑자기 없어짐으로써 인생무상을 느낄 수도 있으며, 우울증이 올 수도 있다. **인생을 갑자기 마무리하고 일이 없을 경우에 갑자기 초조함이나 허무한 마**

**음도 들 수 있으므로 이러한 갱년기를 슬기롭게 극복하기 위해서는
자기만의 노년기에 대한 삶의 방법을 개발해야 한다.**

노년기에는 기억력이 떨어지고 갑자기 노화가 닥쳐올 수 있는 시
기이므로 절대적으로 스트레스를 받아서는 안 된다. 따라서 가능하
면 스트레스를 적게 받고 일할 수 있는 자신만의 직업이나 소일거
리를 만들어야 한다. 즉, 자기 수준에 맞춰서 기쁜 마음으로 살아갈
수 있는 적절한 직장을 구하거나 젊어서 습득했던 지식을 기반으로
내가 할 수 있는 일이 무엇인가를 폭넓게 검토하여, 최적이라고 생
각되는 목표를 설정하고 전직을 하여야 한다. 예를 들어서, 공공기
관의 경비라든지 퇴직 전에 직업과 관련된 간단한 개인 사업을 기
획한다든지 일을 만들어야 한다. 즉, 큰 스트레스를 받지 않고 소일
거리가 되면서 적은 수입이지만 용돈을 벌어 쓴다고 생각하고 새로
운 직업을 만들어야 한다.

이제 제2의 인생을 살아가기 위하여, 내가 알고 있는 전직한 지
인들의 사례를 들어 보겠다. 첫 번째 지인은 올해가 휴식년제가 시
작되는 해라고 한다. 그분은 학교에서 설비 분야의 실무를 담당하
면서 직장 생활을 하다가 이번에 퇴직하게 되었단다. 그래서 이번
에 퇴직하면서 조그마하게 설비 사업을 개업하였다고 자랑하는 것
을 보았다. 평생을 설비 분야의 업무를 전담하였기 때문에 이 분야
에 가장 해박한 지식을 가지고 계신 분이다. 이분이 가장 자신을 갖
고 일할 수 있는 분야이기 때문에 큰 스트레스 없이 수행할 수 있는

업무라고 생각되어 퇴직하기 전부터 미리 준비를 하였단다.

두 번째 사례는 친구 중에서 은행원으로 근무하다가 갑자기 명예
퇴직으로 50대 초반에 실직을 하게 된 사례다. 친구는 몇 년을 방황
하다가 부동산 공인중개사 시험을 준비하여 최근에 부동산 중개사
무소를 개업하였다. 그는 은행을 다녔기 때문에 은행의 대출과 돈
의 흐름을 나름대로 잘 알고 있으므로 돈의 사정에 밝을 것이다. 가
끔 친구들끼리 모여 회식을 할 때면 그 친구를 찾게 되는데, 그 친
구는 자주 불참한다. 그것은 현재의 업무가 상당히 바쁘다는 것을
반증해 주는 것이라고 생각된다. 제2의 직업으로 선택한 부동산업
이 아마도 잘되고 있는 모양이다. 친구는 제2의 인생을 위하여 직업
을 효과적으로 전환한 것이라는 생각이 든다.

세 번째 사례는 이 책을 쓴 나의 사례다. 책을 쓴 것도 제2의 인
생 설계를 위한 일환이라고 할 수 있다. 나 또한 60대의 소일거리
를 만들기 위하여 『성공적인 나의 인생 레시피 만들기』라는 책을 쓰
게 되었다. 원래는 70대가 되어서 이러한 자서전의 글을 쓰겠다고
마음속으로 생각하고 있었다. 그러나 60대 인생의 재설계를 위하여
50대에 이 책을 쓰는 것이 훨씬 실용적일 것 같다는 생각이 들었다.
그 이유에는 두 가지가 있다. 첫째는 이 책을 만들 경우에 각종 사
회단체에서 특강의 기회가 올 수도 있다는 것이고, 둘째는 내가 살
았던 인생의 경험에서 얻은 지식을 후배들에게 전달할 수 있는 보
람된 일이라는 생각이 든 것이며, 따라서 현재의 시점에서 이 책을

앞당겨서 쓰기로 결정하였다.

나는 항상 이렇게 살아왔다. 미래를 예측하고 사전에 준비하여 2단계, 3단계를 계획한다. 창조적인 아이디어로 목표를 세우고, 이 목표의 성공을 위하여 지속적으로 노력하면서 검토에 의한 반성을 한다. 그 후에는 미비점을 보완하고 개선을 통하여 계획한 바를 성취할 수 있도록 노력하며 살아왔다.

이와 같이 60대에는 젊어서 못 해본 일, 꼭 해보고 싶었던 일, 젊어서 경험했던 일들을 고향에 가서 다시 경험해 보는 등의 자기의 취향에 맞는 취미 생활을 찾아보는 것이 행복하고 즐거운 인생이 될 수 있을 것이다. 이순을 미리 준비하는 것, 항상 미래를 준비하고 대응하는 것이 성공의 지름길이다. 이렇게 하면 방황하지 않고 안정적으로 살아갈 수 있을 것이다.

항상 미래에 대하여 2단계, 3단계를 대비하여 설계하고 준비하였다. 남들의 눈으로 보기에는 항상 실패를 하지 않고 잘나가는 사람이라고 생각될지도 모르지만, 나의 삶의 내면은 수많은 실패와 쓴맛을 보면서 개척하고 성장해 왔다. 그래서 지금도 제2의 인생을 설계하고 2단계, 3단계를 미리 예측하여 계획하고 있는 것이다.

제2의 인생이니
이렇게 살려고 한다

인생의 한 주기인 1갑은 60살이다. 요즘은 인생을 왕성하게 생산적으로 살아가는 나이가 60살이라는 생각이 든다. 나이 60을 넘기면서 사는 인생은 덤으로 사는 인생이다. 그래서 나는 요즘 많은 사람들이 60이 넘을 때까지도 생산적인 생산 활동을 할 수 있다고 본다. 또한 제2의 인생을 설계하여 생산적인 활동을 하며 지내는 사람들도 많이 보고 있다. 나도 나의 60대를 덤으로 주어진 인생이라고 생각하고, 제2 인생의 플러스알파 인생을 생산적이고 보람된 삶으로 만들어야 한다고 본다. 나의 인생에서 덤으로 주어진 미래를 보다 효과적이고 멋지게 살아가기 위하여 제2의 인생을 재설계하고 준비하여 왔다.

어느 90살이 다 된 연세대 교수 출신인 명예교수님이 텔레비전의 토론회에 나와서 하신 말씀이 떠오른다. '60살에서 80살까지가 인생에서 가장 좋았던 시절이었다'라고 했던 말씀이었다. 나는 그 말을 듣고 적지 않은 충격을 받았다. 왜냐하면 보통 60살이 넘으면 그냥 할 일 없이 인생을 정리하는 나이라고 생각했었기 때문이다. 그런데 왜 가장 보람되고 좋았던 시기라고 말하는 것인지? 그것이 무엇을 의미하는 것인지 궁금했다. 아마 마음을 내려놓고 아무런 부담도 욕심도 없이 하고 싶은 일을 할 수 있어서 좋았다는 이야기일 것이다. 즉, 덤으로 주어진 인생이기 때문에 성패와 관계없이 하고 싶은 일을 하면서 인생을 살아갈 수 있다는 것을 의미하는 것이라고 생각한다.

　나는 60대에는 그동안 쌓았던 나의 이력과 경력을 활용하여 기관
장을 한 번 더 할 수 있는 기회를 잡으려고 한다. 선출직에 출마하
여 마지막 기관장이 되는 것이 목표다. 그 후에는 고향에 봉사할 수
있는 기회를 얻어서 나의 업적을 남길 수 있는 삶을 살고 싶다. 어
쩌면 그때를 준비하기 위하여 이 책을 쓰고 있는지도 모른다. 대학
장의 임기를 마치고 휴식 기간을 보내는 중에 원래 전공 분야의 전
산 감리를 해볼까도 생각하였으나, 보다 보람되고 실용적인 시간을
보내야겠다는 생각에 이 책을 써야겠다는 아이디어를 계발하게 되
었다.

　이제 나의 제2 인생의 재생산을 위한 여러 가지를 검토한 사례의
결과를 설명하겠다.
　첫째, 어려서부터 시골에서 경험한 자연과 함께하기 위하여 시골
로 귀향하여 소나 닭을 길러 볼까도 생각하였다.
　둘째, 젊어서 이룩해 놓은 전문 경력을 활용하여 더 높은 곳으로
갈 수 있는 방법도 있다는 것을 검토하고 있다. 50대에 얻은 기관장
과 전공을 기반으로 관련 분야의 기관장으로 진출할 기회도 검토하
고 있다.
　셋째, 국제 표준화 활동을 하면서 알게 되었던 개발도상국에 가
서 IT분야의 컨설팅 자문을 하는 것이다. 그동안의 지식을 개발도
상국에 전달하는 봉사도 하고, 인접 국가를 관광도 하면서 인생을

즐기고 싶었기 때문이다.

넷째, 50대까지의 지식과 젊어서 얻었던 경력을 활용하여 전공 분야를 최대한 활용하는 것이 좋을 것 같다는 결론을 내렸고, 후배들에게 그동안 얻은 교훈과 지식을 전달하기 위하여 이 책을 쓰기로 마음먹었다. 60대에 '성공적인 나의 인생 레시피 만들기'라는 주제로 여유롭게 경험담을 특강하러 다니기 위해서다.

여기서 독자들에게 알려주고 싶은 것은 자기만의 최적화된 삶의 방법과 진로를 연구하여 개척해 나가야 한다는 것이다. 그래야만 적절한 길을 찾을 수 있고, 그 결과로 노년기에 성취도 높은 성공적인 삶을 찾을 수 있을 것이다. 그렇게 된다면 제2의 인생도 성공적으로 이루어질 수 있을 것이다.

나는 항상 희망적인 방향으로 목표를 설정하고 살아왔다. 희망이 있어야 항상 즐겁고 행복한 생활을 할 수 있기 때문이다. 물론 이러한 계획은 관운도 따라주어야 한다고 생각된다. 하지만 설령 목표가 달성되지 못한다 하더라도 후회하지 않을 거라는 생각이 든다. 왜냐하면 내 인생의 목표는 이미 달성되었고, 이것은 내 인생에 덤으로 주어진 목표라고 생각하기 때문이다. 나는 아직 남은 60대의 미래에도 이렇게 현실에 적용하고 도전하면서 변신과 수정을 거듭하며 살아갈 것이다.

인생에서 60대는 덤으로 주어진 삶이니 속세의 욕심을 버려야 한다. 성패에도 관계없이 그래서 부담을 가질 필요도 없이 하고 싶은 일을 열심히 하면서 나의 삶에 최선을 다하면 된다. 나는 마지막까지 인생의 품격을 높일 수 있는 아름다운 인생을 살아가려고 한다.

이제 죽음 앞에서 삶의 품격을 높인 사례를 하나 소개하고자 한다. 우리나라에도 여러 번 방문한 적이 있는 지미 카터 미국 전임 대통령은 재임 때보다도 오히려 퇴임한 후에 더 많은 지지와 인기를 얻고 있다. 그는 최근 암이 전이되어 시한부 인생을 살고 있다고 한다. 그런 그가 고향의 교회에서 성경 교실을 하고 있는데, 미국의 전역에서 이 강연을 듣기 위하여 방문객이 몰려든다고 한다. 그 강연 하나 때문에 10시간 넘게 운전해 오는 사람도 매우 많다고 한다. 지미 카터 전 대통령은 죽음이 다가오는 상황 속에서도 의연하게 사랑과 용서를 전하며, 전 미국 사회를 깊이 감동시키고 있다.

이와 같이 우리가 인생의 마지막을 품격 있고 아름답게 만들 수 있는 삶을 산다면, 이에 대해 얼마나 많은 보람을 느낄까? 마지막까지 최선을 다하여 인생을 살아가는 것은 보람된 일이다. 그런 인생은 분명 아름답고 멋진 인생일 것이다.

인생은 절대 두 번 경험할 수 없다. 나도 마찬가지로 한 번만 경험할 수 있는 인생이니 아름답고 품격이 높은, 후회 없는 인생을 살수 있도록 최선을 다하여 마지막까지 열심히 살아가려고 한다.

7
70대는
호랑이의
가죽을 남기자

아직 70대가 되지는 않았지만 70대에 해보고 싶었던 일을 미리 계획하고 설명하고자 한다. 내가 70대에 하려고 하는 일과 70대가 일반적으로 추구해야 할 일들을 정리하였다.

첫 번째는 자기 인생에서 얻은 지식을 정리하여 후배들에게 전달하는 일이다. 즉, **내 인생에서 얻었던 지식이나 경험, 해보고 싶었던 일을 정리하여 후배들이 살아가는 데 도움을 줌으로써, 호랑이는 가죽을 남기지만 사람은 이름**(자서전)**을 남겨보자**는 것이다. 꼭 지식이 아니어도 70대가 되어서 생각해 볼 때, 몇 살 때는 이런 일을 해보아야 했거나 꼭 이런 경험은 해보고 싶다고 생각했던 일들을 글로 적어 보자. 후배들이 교훈으로 삼고 살아갈 수 있도록 그 내용을 후배들에게 전수해 준다면 얼마나 보람되고 인류 발전에 기여하는 일이 되겠는가?

그래서 나는 이렇게 후배들에게 남기고 싶은 것들을 위하여 지금도 준비를 하고 있다. 평소에 산행을 많이 하고 있으며, 등산 갈 때마다 사진을 차근차근 모아오고 있다. 이 자료를 정리하여 등산을 위한 지식과 등산인이 느끼고 갖추어야 할 것들을 책으로 남기고 싶은 마음에서다. 또한 지금 쓰고 있는 '성취도 높은 인생 레시피'를 책으로 다시 정리하여 재출판할 계획도 있다. 내가 살면서 성취한 인생의 마지막 자서전을 쓰면서 미소를 지을 수 있는 날이 오기를 기대해 본다. 또한 젊어서 하지 못했던 일과 70대에 해야 할 일도 추가적으로 정리할 날을 기대한다.

두 번째로 70대에 해보고 싶은 일은 만나보고 싶은 사람과 만나보고, 돌아보고 싶은 곳도 돌아보면서 인생을 마무리하는 일이다. 70대는 태어나 지금까지 살아오면서 경험했던 일을 정리하고, 사람들을 만나서 인생을 마지막으로 정리할 나이라고 본다. 마지막 인생을 정리하면서 만나보고 싶은 선후배라든가 직장 동료라든가 친구들을 만나서 사죄해야 할 일이 있으면 사과하고 과거를 같이 회상해보는 나이인 것이다. 과거가 모두 즐겁고 행복하게 느껴지는 나이가 70대라는 생각이 든다.

세 번째는 내가 살아왔던 고향이라든가 직장 생활을 했던 장소를 한번 둘러보는 것도 또 하나의 행복일 것이다. 그리고 고향에 가서 유년기에 노닐던 곳과 공부했던 추억을 되새기면서 행복을 느껴보는 것도 좋을 듯싶다. 다시 말해서 내 고향 섬진강에서 고기도 잡고, 새도 잡으면서 어릴 때 경험했던 것을 다시 떠올려보는 것이다. 그래서 다시 한 번 그곳에서 즐겼던 일들을 경험해보고 회상해보면서 인생을 정리하는 것도 의미가 있을 것 같은 생각이 든다. 쪼들리고 꽉 막혀있는 도시 생활을 떠나서 그곳에 가서 자연을 즐기면서 자연과 함께 인생을 마감하는 것도 좋을 듯하다.

chapter 2

청년기에 길러야 할
역량의 레시피는
무엇인가?

    이 장에서는 20대에서 50대까지의 인생 전성기를 살아가면서 역경을 극복하고 성공적으로 인생을 살아가는 데 있어 도움이 될 수 있는 역량을 기술하고 있다. 이것은 내가 인생을 살아오면서 경험한 생존 경쟁에서 얻은 노하우로서 경쟁에서 승리하기 위하여 반드시 갖추어야 할 전략적 무기라고 할 수 있다. 이러한 노하우는 여러분이 인생에서 경쟁력을 기르고 성공적으로 생존 경쟁을 치를 수 있도록 도움을 줄 것이다.

    이번 장의 레시피는 이 책에서 가장 핵심적인 레시피로, 가장 부가가치가 높은 항목들이다. 내가 평생 동안 연구한 연구 결과물이라고 말하고 싶다. 이 전략 기술을 정확하고 빠르게 이해하고 학습하여 활용할 수 있는 사람도 있겠지만 그렇지 못하는 사람도 있을 것이다. 즉, 20대에 깨우치는 사람도 있을 것이고, 40대가 되어서야 깨우치는 사람도 있을 것이며, 50대가 넘어서야 깨우치는 사람도 있을 것이라고 생각한다. 이것은 전적으로 여러분의 역량에 달려 있다. 그 역량에 따라서 여러분이 성공적인 인생을 살아가는 정도가 달라질 수 있을 것이라고 생각된다. 그러므로 여기에서 설명한 전략 기술을 마음속 깊이 새겨 반복적으로 학습하고 성공적인 인생을 살아가기를 바란다.

여러분 모두가 이러한 지혜를 잘 익혀서 성공적으로 활용함으로써 성취도 높은 인생의 레시피를 구축하기를 바라면서 이번 장을 기술하겠다. 다시 한 번 강조하는데 이번 장의 내용이 이 책에서 가장 중요한 인생의 레시피라고 볼 수 있으니 반복적인 학습으로 실행에 옮겨서 성공적인 인생을 살아가기를 희망한다.

1
성공적인 리더가 되기 위한 목표 키워드 선택 능력을 기르자

우리가 살아가다 보면 리더로서 역할을 해야 할 때가 많이 있다. 그 단체 혹은 집단의 중요한 목표를 키워드로 잡아 성공적으로 직무를 수행하고 목표를 달성하는 것이 리더의 중요한 직무이며 능력인 것이다. 좋은 목표 키워드를 잡고 이것을 이용하여 그 직무를 수행하고 나면 능력을 인정받을 수 있을 것이다. 또한 직무를 우수하게 수행하였다는 평가도 받을 수 있을 것이다. 리더로서 성공적인 직무 수행을 위해서 어떻게 목표 키워드를 발굴하고 수행해야 하는지를 말하고자 한다.

현대사에서 우리나라의 역대 대통령들을 말하자면 이승만 대통령에서부터 박정희, 전두환, 노태우, 김영삼, 김대중, 노무현, 이명박, 박근혜 대통령이 있다. 여기에서 어떤 대통령이 가장 키워드를 잘 잡았는지를 분석해 보면 성공적인 대통령이 누구인지가 바로 판명되는 것을 알 수가 있다. 그래서 목표 키워드가 중요하기 때문에 "목표 키워드 잡는 능력을 기르자"고 주장하는 것이다.

우선 박정희 대통령은 새마을 운동을 통해 우리 민족을 빈곤에서 경제적으로 발전시켰다. 전두환 대통령은 삼청교육대를 만들어 깡패들을 청산하고 치안을 반석에 올려놓았다는 데 의의가 있다. 그다음 김영삼 대통령은 IMF와 실명제를 키워드로 삼을 수 있을 것이다. 김대중 대통령은 벤처 정신과 정보 통신, 햇볕 정책을 활성화한 대통령으로 기억된다. 이명박 대통령은 4대강 사업이 키워드로 떠오른다. 노무현 대통령은 참여 정부로 민주화에 기여했다는 생각이 떠오른다. 박근혜 대통령은 아직 임기가 끝나지 않아 성패가 결정되지는 않았지만 지금까지로 보아서는 신뢰와 창조 경제가 생각난다.

이승만 대통령이 장기 집권했었을 때를 가정하여 비교하면 박정희 대통령은 그 시점에서 가장 중요하고 절실했던 키워드로 새마을 운동과 경제 개발 5개년 계획을 잡았다. 장기 집권했으나 우리 민족의 경제를 상당한 수준까지 이끌어 놓았다. 우리 민족은 운이 좋게도 그 시점에 정말 훌륭한 지도자를 만났다는 생각이 든다. 만약에 그 시점에 박정희 대통령이 없었다고 생각해 본다면, 박정희 대통령이 우리 민족에게 얼마나 기여했는가를 알게 될 것이다.

그 다음은 전두환 대통령이다. 전두환 대통령 이전에는 우리나라의 치안이 불안했다. 시장에서 노점상들은 깡패들에게 세금을 내야 했고, 타 지역을 여행하려면 항상 불안과 공포에 떨어야 했다. 내가 어릴 때만 하더라도 내 고향에서 곡성읍에 가는 데 십 리 길이었다. 우리 고향에서 남원 시내까지의 거리는 30리로 너무 멀었다. 그렇기 때문에 비교적 가까운 전남 곡성 읍내가 중요한 생활권이었다. 그러나 읍내로 영화를 보러 갈 때면 항상 깡패들에게 잡힐까 불안해하면서 다녔고, 실제로 깡패들에게 돈도 갈취당하고, 두들겨 맞기도 하였다. 전두환 대통령은 이런 불안한 치안을 정상화하는 데 많은 기여를 했다. 하지만 삼청교육대와 5·18 광주 민주화 운동으로 몹쓸 짓도 많이 했던 대통령으로 기억된다.

김대중 대통령은 벤처를 부르짖고 정보 통신 분야를 활성화한 대통령이다. 김대중 대통령 시절에는 'BK21'이라는 교수들의 연구 정책으로 대학 교수들에게 엄청난 돈을 지원했고, 전국적인 광케이블 설치로 정보 통신 인프라를 반석에 올려놓았다. 일부 사람들은 BK21을 실패한 정책이라고도 한다. 하지만 국민들에게 벤처 정신을 심어 주는 계기가 되었고 정보 통신 산업의 기반과 인프라 조성을 통하여 정보 통신 산업을 육성하였다.

지금은 동생이 소규모로 운영하고 있지만, 나도 그때 벤처기업을 창업한 적이 있다. 지금은 여러 기관이 통합되었지만 당시에는 정보 통신 관련 기관인 진흥원이 10개 이상 만들어졌었고, 정보통신부가 신설될 정도로 정보 통신 분야를 육성하였다. 지금의 정보화

진흥원, 정보통신산업진흥원, 인터넷진흥원, 한국콘텐츠진흥원이 그 전신이라고 할 수 있다. 그러나 훗날 이명박 대통령은 정보통신부를 없애고 진흥원 3~4개씩을 하나로 통합하였다.

이명박 대통령은 정보화 사회에 정보 통신 분야를 축소하여 시대에 역행하는 정책을 펼친 것이 실수라는 생각이 든다. 공업화 시대에 추진해야 할 4대강 사업을 목표 키워드로 잡은 것은 그런대로 괜찮았다고 생각한다. 그러나 4대강 사업이 미래의 치수治水를 위한다는 것은 좋지만 국력까지 올인 해야 할 사업은 아니었다고 생각된다. 즉, 정보 통신 예산을 삭감하고 4대강 사업을 키워드로 잡아서 임기 내에 마치려고 국력을 총동원하여 전력투구한 것이 실수라는 것이다.

내가 호남 사람이라서 김대중 대통령을 칭찬하고, 이명박 대통령의 정책이 잘못된 것이라고 주장한다 생각할 수 있다. 그러나 나는 이명박 정권이 탄생하기 전에 그 정당에 입당하고, 그때 전주에서 국회의원으로 출마하여 정치에 입문한 사람이다. 지금은 정보화 시대이기에, 모든 정책이나 목표를 정보화에 초점을 맞추어 추진하면 큰 낭패는 보지 않았을 것이라는 생각이 든다.

한 가지 더 김대중 대통령이 잘한 것은 공직자들의 자세를 갑에서 을로 되돌려 놓은 일이라고 생각한다. 언제부터인가 민원이 발생하면 공무원들이 책임을 져야 하는 시대가 돌아왔다. 그때까지만 해도 항상 오천 원짜리 지폐를 차에 넣어두고 출퇴근했던 기억이 난다. 교통법규를 위반하면 뇌물로 주려고 넣고 다녔던 것이다. 남원에서 전주로 출퇴근할 때 길모퉁이에서 속도 체크도 없이 경찰들이 무조건 잡기 때문이었다. 당시는 도로에서의 제한 속도가 너무 낮았다. 4차선인데도 일부 구간의 속도가 50km로 제한되어 있었으니, 단속에 자주 걸릴 수밖에 없었다. 이 과정에서 경찰은 갑이었으나 김대중 대통령에 이르러서는 이것이 필요 없게 되었다. 지금은 파출소에서 난동을 피우는 시민이 있을 정도로 면사무소나 경찰의 서비스가 갑에서 을로 많이 개선되었다.

'BK21' 정책으로 나라의 돈이 엄청나게 낭비되었다고 하지만 지금 돌아보면 성공한 정책이라 할 수 있다. 정보통신과 인터넷이 활성화되면서 우리나라가 세계 IT 최강국으로 발전할 수 있었기 때문이다. 그나마 노무현 대통령이 중간에 있어서 다행이었다는 생각이 든다.

우리나라는 정권이 바뀌면 그에 따라 무조건 정책이 바뀐다. 그럼 전직 대통령이 국가를 위해서 기여한 부분은 어떻게 되는가? 물론 본인의 키워드를 잡아야 한다는 것은 이해가 되지만 잘된 정책은 지속적으로 추진하는 것이 우리 민족과 국가를 위한 것이라고 생각한다. 현대사에서 박정희 대통령은 중요한 키워드를 발굴하여 가장 훌륭한 정책을 성공시킨 대통령으로 기억되고 있으며, 그 다음 김대중 대통령은 유능한 대통령으로, 나의 사견이지만 이런 훌륭한 대통령은 우리 민족을 위하여 더 많은 기회를 주었더라면 더 많은 업적을 남겼으리라는 생각이 든다.

이러한 사례와 같이 어떤 지도자가 성공적인 지도자가 되기 위해서는 그 직무의 성공적인 목표 키워드를 잘 발굴해서 추진해야 할 것이다. 그에 따라 일을 해 나간다면 훌륭하게 직무를 수행할 수 있을 것이다. 그리고 후대의 국민들에게 높게 평가 받을 수 있다는 것을 여러분들도 알게 되었을 것이다.

여기서 독자들이 리더가 아니라서 리더로서의 자질이 필요하지 않다고 생각할 수도 있지만 절대로 그렇지 않다. 누구나 한 집안의 가장으로서 또는 어머니로서의 역할을 하게 될 텐데, 가장이나 어머니의 자리도 리더라고 할 수 있기 때문이다. 한 가정의 어머니와 아버지로서 우리 가정의 목표 키워드도 있기 때문이다. 두 명만 모여도 리더로서 역할은 누구든 하게 되며, 성공적인 역할을 수행할 수 있는 기회도 주어진다. 따라서 **소속된 집단에서 성실하고 유능한 리더가 되기 위해서는 가장 중요한 목표 키워드를 명확하게 설정하고 수행하는 것이 성공적인 길이라고 할 수 있다.**

여러분들도 지금 주어져 있는 위치에서 목표 키워드를 잡는 연습을 한번 해보기 바란다. 목표 키워드를 잡을 때도 반복적인 훈련을 하다 보면 실력이 향상될 수 있기 때문이다. 그럼 가장 간단하게 "당신의 목표 키워드는 무엇인가?"라는 질문을 던지고 싶다. 필요하다면 목표 키워드를 몇 개 잡을 수도 있다. 독자들도 이번 기회에 목적에 맞는 자신의 훌륭한 키워드를 잡아보고, 키워드를 수행하는 훈련을 수행해보기 바란다.

2

성공 기법을
벤치마킹하자

이번 절에서는 '**주변에서 잘나가는 사람, 존경 받는 사람, 성취도가 높은 사람들을 벤치마킹하여 나도 그런 훌륭한 사람이 될 수 있도록 열심히 노력하여야 한다.**'고 코칭Coaching하고 싶다.

우리가 인생을 살아가다 보면 사람마다 성격이나 능력이 매우 다양하다는 것을 알 수 있다. 그래서 인간관계가 다양하게 형성되고, 성공적인 삶을 살아가는 사람도 있으며, 인생 경로를 잘못 선택하여 힘들게 살아가는 사람도 있다. 나는 이렇게 다양한 사람의 탁월한 능력을 발굴하기 위해 성공 기법을 벤치마킹하는 방법을 터득해 나가야 한다고 생각한다.

예를 들어 보자. 나는 회사를 다니던 중에 어느 중견 기업으로 직장을 옮긴 적이 있다. 그 회사에는 고졸 학력으로 회사를 좌지우지

하는, 나중에 임원까지 되어서 회사를 운영하는 부장이 있었다. 한편으로는 신기했고, 한편으로는 어떻게 고졸의 학력으로 회사에서 능력을 발휘하여 인정받고 잘나갈까 궁금하기도 하였다. 그래서 평소에 그 부장의 인격이나 행동들을 관찰하여 성공 기법을 벤치마킹 해야겠다고 생각했다. 왜냐하면 잘 나가는 이유에는 그 특징이 있을 것이고, 배울 수 있으면 배워서 나의 인생에 도움을 받아야겠다고 생각했기 때문이다. 만약 무엇인가 내가 모르는 노하우가 있다면 벤치마킹하여 성공 기법을 학습하여, 내 능력보다도 효율을 올릴 수 있도록 노력하기 위한 것이다.

그리고 선배 중에 시장을 하시는 분이 있는데 그분의 나이가 70세가 되셨다. 어떻게 나이 70세에 선출직 시장에 당선되고, 시민들의 존경을 받으실까 하는 생각이 들어 그분의 특징을 열심히 분석해 보았다. 특징을 찾아서 행동이나 장점을 배워야 하고, 시장님을 분석하여 내 인생에 도움이 될 수 있도록 적용하기 위한 것이었다. 그 결과 70세가 될 때까지 공직 생활을 할 수 있는 방법은 선출직에 나가는 것이라는 것도 알게 되었다. 그래서 나도 그때까지 열심히 많은 이력을 쌓아서 70세 이전에 선출직에 진출하여 당선되는 길을 걷기로 마음먹은 계기가 되었다. 이와 같이 좋은 예를 벤치마킹하여 자신의 삶의 진로를 결정할 경우 성취도 높은 삶을 살아갈 수 있는 것이다.

다른 선배 중 자수성가하여 학교를 3개나 가지고 계시는 분이 있다. 그분은 정말 열심히 살아왔고, 무엇보다도 지구력이 남다르다는 것을 캐치하였다. 그분은 70대 중반인데도 일에 대한 열정과 지구력이 50대인 나보다도 훨씬 대단했다. 70세에도 잘나가시는 두 분의 선배 분들에게서 배운 특징 중의 하나는 50대가 넘으면 건강 관리가 바로 경쟁력이 된다는 것이었다. 건강은 노력하여 얻을 수 있는 인생 마라톤에서의 경쟁력일 수 있기 때문이다.

나도 가능하면 70세까지는 공직에서 왕성하게 사회활동을 하고 싶다는 생각을 하고 있다. 원래는 60세까지만 직장 생활을 하고 은퇴할 계획이었으나 이렇게 훌륭하신 선배 분들을 벤치마킹한 후, 70세가 될 때까지 직장 생활을 왕성하게 하기로 하고 계획을 다시 세우게 된 것이다.

즉, 이러한 벤치마킹을 통해 우리가 성공적인 삶을 살아가는 데 있어 표본을 삼을 수 있으며, 이 표본을 기준으로 하여 살아가면 성취도 높은 인생을 살아가는 데 큰 도움이 될 수 있는 것이다. 여러 분들도 가능하면 젊었을 때부터 건강관리를 철저히 하여 성공적인 삶을 살아가기 위한 경쟁력을 갖출 수 있도록 미리부터 건강 챙기기를 부탁하고 싶다. 60세가 넘어가면, 건강은 특히나 인생을 살아가는 데에 있어서 가장 중요한 요소가 된다. 인생을 롱런long-run하기 위해서는 건강이 가장 중요하다. 결론적으로 **여러분들도 훌륭한 선배들을 벤치마킹하여, 훌륭한 성공 기법을 찾아서 성공적인 나의 인생 레시피를 위한 삶의 지표로 삼아서 성공적인 인생을 살아갈 것을 코칭한다.**

3
세상의
모든 원리는
트리 구조로부터
시작된다

여러분이 어떤 일을 수행함에 있어서 체계적으로 넓게 볼 수 있을 때 올바른 판단을 할 수 있으며 올바른 지표도 만들 수가 있다. 그래서 내가 직접 연구하여 개발하였던 성공적인 인생 레시피로 트리 구조의 탐색 원리를 설명하고자 한다. **체계적인 업무 파악이나 정리가 어려울 때, 넓은 식견으로 모든 일을 판단하는 데 트리 구조의 탐색 원리가 크게 도움이 된다.**

우리가 어떤 보고서를 작성한다든지, 업무 수행을 위하여 해야할 일을 정리할 때, 또는 어떤 업무 파악을 위하여 요약 정리할 때, 어떤 문제점을 파악하거나 회의록이나 보고서를 작성할 때도 일목요연하게 정리하는 데 어려움을 느낄 때가 있다. 그러나 바로 이런 상황들에서 트리 구조의 탐색 원리를 이용하면 요약과 정리에 매우 효율적인 방법으로 일을 할 수가 있다.

이 트리 구조의 탐색 원리를 이해하기 위해서는 이 책의 목차를 보자. 나는 이 책을 전체적으로 어떤 내용을 쓸 것인가 정리하기 위하여 트리 구조의 탐색 원리를 가지고 목차를 만들었다. 나는 항상 무슨 일을 수행하거나 보고서를 작성할 때에 내가 직접 개발한 이 트리 구조의 탐색원리를 이용하여 왔고, 그 효과도 상당히 얻었다고 생각하여 여러분에게 사용할 것을 권고한다.

책을 처음 써보는 내가 이 정도의 좋은 레시피 항목을 도출해 낼 수 있었던 것도 이 트리 구조의 탐색 원리 덕분이다.

그러면 트리 구조의 탐색 원리를 순차적으로 설명하고자 하니 잘 이해하고 습득하기 바란다.

첫째는 자신이 쓰고 싶은 주제를 무조건 생각나는 대로 적어서 찾아낸다. 처음에는 20~30개 정도의 주제를 찾아냈다.

둘째는 이렇게 찾아낸 주제 항목을 그룹으로 분류한다. 이것이 이 책의 중그룹으로, 처음에는 목차에서 6개의 장으로 분류되었다.

셋째는 대그룹으로 다시 한 번 더 유형을 분류한다. 이것이 이 책에서는 대그룹으로 3개의 목차로 분류되었다.

넷째는 유형별로 분류된 중그룹과 대그룹에 유형별 제목을 붙였다. 6개의 중그룹에 제목이 붙여졌다.

다섯째는 추가 보완 작업이다. 전체적인 그루핑 내용이 나오고, 그룹 제목을 부여하고 나면, 그 그룹에 무슨 내용을 쓸 것인가를 알게 된다. 그리고 그룹명이 나오면 그룹명에 해당하는 주제 중 누락된 것이 있는지 찾아서 추가로 보완하는 것이다. 장별로 7~8개의 소주제가 추가되었다고 할 수 있겠다. 이 책에서는 처음에 발견된 세부 절의 30여 개 소주제가 50여 개의 소주제로 추가 보완되었다. 이것은 상위 줄기의 그룹명이 찾아졌기 때문에 하위의 줄기가 찾아지는 원리이다.

여섯째는 대그룹으로 분류된 것들에 대그룹명을 부여한다. 다섯째와 같은 방법으로 대그룹명에 해당하는 누락된 주제가 있는지를 찾아서 보완하였다. 즉, 이 책의 중그룹 주제의 추가 과정에서는 7장이 누락되어 있다는 것을 발견하고 7장을 추가하였고, 7장에 7개의 소주제도 추가 보완하였다. 대그룹의 추가 보완 시 소주제도 재검토하여 추가 보완이 필요하다. 큰 줄기의 대그룹명이 부여되어 성공에 필요한 레시피를 찾아보니 '마음을 다스리는 것'도 성공에 중요하다는 생각이 떠오르게 되어 7장이 추가되었다.

이것은 전체적으로 파악되지 않은 내용이나 누락된 내용을 정리하고 보완하는 데 효과가 있었다. 여기서 이렇게 잘 정리되지 않았고 몰랐던 내용의 주제가 추가로 보완된다. 즉, 이 과정을 통해 가장 중요하고 완벽한 내용의 보완이 이루어지는 효과가 있는 것이다. 이것이 내가 주장하는 트리 구조 탐색 원리의 가장 핵심이라고 말하고 싶다.

일곱째는 대그룹, 중그룹, 소그룹에서 주제별로 분류하여 필요한 경우에 유형별 순서를 부여하는 것이다. 그룹화 된 그룹과 세부 항목을 체계적으로 순서화하여 순서를 정하면 완벽하게 체계적인 업무 파악이 이루어진다. 즉, 순서화가 필요한 주제에 대하여 순서화까지 이루어지고 나면 이 책의 목차가 완벽하게 만들어진 것이다. 그리고 중 그룹의 유년기, 청년기, 장년기, 레시피가 순서적으로 정리되었다. 4장의 봄, 여름, 가을, 겨울의 놀이문화의 레시피도 순서화 되었다.

물론 필요에 따라서는 4단계, 5단계까지도 그루핑이 필요한 경우도 있을 수 있지만 대개 3단계로 그루핑 하면 어느 정도 분류가 완벽하게 완성될 것이다. 이렇게 자료를 정리하고 나면 모든 자료들은 트리 구조로 일목요연하게 정리가 이루어지며 전체적으로 업무 파악이 완벽하게 이루어진다.

어떤 경우에는 그루핑 및 순서화가 어려운 경우도 있을 것이다. 이것은 자기가 하고 있는 업무의 분석이 지나치게 주먹구구식으로 되어있다는 것을 나타낸다. 또한 업무 파악이 제대로 이루어지지 못하고 체계화가 미흡하다는 것을 의미하기도 한다. 업무를 이해하는 것도 어렵고 분류를 잘 모를지라도, 이 트리 구조를 만드는 것은 전체적인 업무 구조를 체계적으로 파악하고 이해하는 데 큰 효과가 있다.

이 트리 구조의 탐색 원리는 일상적인 일에도 적용할 수가 있다.

예를 들자면 책상 서랍을 정리할 때도 이 트리 구조의 원리를 이용하고, 옷장 서랍을 정리할 때도 이 트리 구조의 원리를 이용한다. 트리 구조는 이 세상을 살아가는 모든 것에 매우 유용하게 사용된다.

이 트리 구조의 탐색 원리를 이해하고 활용하는 사람은 능력을 인정받고 식견이 높은 사람으로 평가 받을 수 있을 것이며, 모든 일에 올바른 판단과 선택을 하는 데 큰 도움이 되어 훌륭한 리더로 성장할 수 있을 것이다. 이 트리 구조의 탐색 원리를 체계적으로 명확하게 이해하고 훈련함으로써 모든 일을 성공적으로 파악하고 추진할 수 있을 것이다. 따라서 트리 구조의 탐색 원리를 모든 일에 적용할 것을 권고한다.

지금 당장 '여러분이 무엇을 하고 살아야 할까'라는 주제에 대하여 할 일을 정리하고 분류하여 보고, 우선순위를 정하는 방법으로 내가 어떻게 살 것인가에 대하여 이 트리 구조의 방법을 이용해볼 것을 권고한다. 신비할 정도로 여러분이 원하는 완벽한 자료가 만들어진다는 것을 알게 될 것이다. 또한 여러분이 무슨 일을 어떻게, 어떤 순서로 해야 할 것인가를 알 수 있을 것이다.

4

중요한
선택의 기로에서
판단 능력을
기르자

살아가다 보면 양자택일 또는 다자택일 등과 같이 선택의 기로에
서야 하는 경우가 너무나 많이 있다. '옳은 선택이 무엇일까?' 이 선
택이 잘못되어 '나의 미래까지 잘못되는 것은 아닐까?' 하는 걱정에
직면하게 되는 경우가 있을 것이다. 이러한 경우에는 많은 정보를
수집하고 넓게 볼 수 있는 식견을 길러야한다. 그 다음에는 격언이
나 속담에서 얻은 원리를 많이 이용하거나 그렇지 않는 경우는 다
수가 선택하는 경우를 따라가야 한다. 왜냐하면 올바른 선택을 위
해서는 많은 정보가 필요하고, 정보가 많아야 옳은 선택을 하게 될
것이기 때문이다. 격언이나 속담은 많은 경험에서 나오고 다수가
가는 쪽이 옳을 확률이 높기 때문이다.

70~80년대에 우리가 대학생일 때는 열심히 민주화 운동을 한다고 데모를 하고, 민주화를 부르짖으며 살아왔다. 그러나 40대가 넘으면서부터는 그렇게 열심히 민주화 운동을 했던 친구들도 데모를 못 하게 말리고 다니는 사람이 된다. '왜 그럴까?' 학생 때는 단일적이기 때문이다. 40대가 되면 많은 실생활을 통해 얻은 지식들로 고려해야 할 요소가 많아진다. 이렇게 많은 요소를 고려할 경우에는 데모를 하거나 자기를 희생하는 것이 결국 손해라는 결론을 얻게 되는 것이다. 단순하게 '어떤 것이 옳은 행동인가'만을 고려하는 대학생과는 달리, 40대처럼 가족, 직장, 미래의 결과 등을 고려하면 절대로 시위를 해서는 안 된다는 결론을 얻는다는 것이다. 물론 때로는 그런 결정과 희생들이 필요한 순간이 분명히 있다. 그러나 여기에서는 판단능력의 여러 요소를 고려한 설명임을 잊지 말기 바란다.

이제는 옳은 판단능력을 위한 방법을 정리하여 설명하도록 하겠다.

첫째, 다양한 정보를 획득하고 있을 때 옳은 선택을 할 수 있다. 누구나 문제는 많은 정보를 얻기가 쉬운 일이 아니라는 것이다. 그러나 이 정도의 원리는 알고 있지만 많고 다양한 정보를 얻기가 어렵다는 것이 문제가 된다.

둘째, 격언에 있듯이 남들이 모두 시장에 가면 나도 따라가야 한다는 것을 사례로 들고 싶다. 왜냐하면 내가 가지고 있는 정보가 부족한 경우에 다수가 선택한 경우를 따르면 옳은 선택을 할 가능성이 많기 때문이다. OX 문제를 풀 때도 모르면 다른 사람들이 많이 가는 쪽으로 가야 승리할 확률이 높다는 것이다. 그러나 다수가 틀린 때도 분명히 존재한다.

셋째, 그것마저도 어려운 경우에는 나는 실용적인 경우를 선택한다. 실제적으로 도덕성이나 관계성에서 큰 문제가 없다면 실용성을 고려하여 나에게 유리한 경우를 선택하는 것이 좋다.

중국 등소평의 이야기 중에 흑묘백묘론이 있다. 검은 고양이가 예쁜지 하얀 고양이가 예쁜지 선택이 어려울 때는 쥐를 잘 잡는 고양이가 제일이라는 것이다. 이것은 공산주의를 수정하여 자본주의를 선택할 때 썼던 논리로, 공산주의든 자본주의든 국민을 잘살게 하는 것이 최고라는 명분을 살리기 위하여 했던 말이다. 이는 실용성을 강조한 실례라고 할 수 있겠다. 우리는 나이가 들어가면서 실용주의자로 변하게 되는 경우가 많다. 이것은 살아가다 보니 실용성이 선택에서 성공적인 경우가 더 많다는 것을 깨달았기 때문일 것이다.

요즘 정치인들 중 정무적인 판단 능력이 좋은 사람을 흔히 정치 9단이라고 말한다. 정무적 판단 능력이 좋은 사람들은 일반인이 볼 수 없는 부분을 보고 판단하게 되므로, 일반 사람들이 보기에는 잘못된 판단인 것처럼 느껴지지만 장기적으로 옳은 판단임을 알게 되는 경우가 종종 있기 때문이다.

삼국지에서 제갈공명이 전략을 짜서 전쟁을 할 때도, 어리석은 전략인 듯싶었지만 실제 수행 과정에서 전쟁을 승리로 이끈 경우가 많았다. 전쟁과 관련한 많은 조건들을 비교 평가하여 전략을 짜기 때문에 승리할 수 있는 넓은 식견과 훌륭한 판단능력을 가졌기 때문이다.

이순신 장군이 적은 군사를 가지고 일본군과의 싸움에서 많은 승리를 이룬 것 역시 주변 여건을 철저하게 분석했기 때문이다. 환경과 지형지물을 이용하여 넓고 크게 볼 수 있는 판단능력으로 많은 정보를 활용함으로써 유례없는 승리를 일궈낼 수 있었던 것이다.

나의 경험으로 볼 때, 판단능력의 기술은 반복적인 학습으로 그 효과가 극대화되어 나타난다고 생각된다. 따라서 **판단능력의 결과에 대하여 잘못된 선택이었는지, 탁월한 선택이었는지를 사후에 비교 평가하는 훈련을 반복함으로써 탁월한 판단 능력을 스스로 배워 나가야 한다.** 이와 같이 탁월한 판단을 하고 난 다음에 그 결과에 대하여 평가하고, 실패한 경우에 그 원인 요소를 분석하고 찾아야 한다. 이것은 다음에는 그러한 실수를 하지 않도록 반복적인 판단 능력을 학습을 하는 것이다. 이 방법은 탁월한 판단능력을 익혀 나가는 지름길이 될 것이다.

5

정보의 홍수에서
유용한 정보의
캐치 능력을 기르자

현재 사회는 정보화 시대에 진입하였다. 따라서 요즘은 정보가 매우 중요하고 정보를 추출하여 정보를 활용함으로써 보다 효과적으로 성공의 적중률을 높일 수 있는 시대가 되었다. 그러나 정보화 시대에 대하여 명확하게 개념을 이해하고, 정보화 시대에 적응해 나가는 사람들은 그렇게 많지 않다. 그래서 이번 절에서는 정보화 시대를 올바르게 이해하고 정보화 시대에 성공적으로 적응할 수 있는 방법을 설명하고자 한다.

첫째, 정보화 시대가 도래하기 이전에도 정보는 사용되고 있었으며, 정보를 추출하고 정보를 업무에 활용하고 있었다. 그러나 정보화 시대가 도래하면서 그 정보는 개념이 조금 더 명확해졌고, 추출과 활용 능력에 있어서도 다양화되고 고급화되며 정보의 정확도가 높아졌다. 정보화 시대의 본질은 많은 정보를 추출하여 각각의 목적에 맞는 성공적인 정보로 활용할 수 있도록 하는 것이다. 정보화 시대가 도래하기 이전에는 정보라는 단어의 개념이 부족하여 암묵적으로 정보를 추출하고 활용하다 보니, 그 추출 능력과 활용 능력이 낮은 수준이었다.

예를 들어서 설명해 보겠다. 짜장면 가게를 하는 사람이 있다고 가정을 해 보자. 이 사람은 장사가 잘되게 하는 정보의 팩터factor를 정보화 시대 이전에는 5개 정도 추출하여 가게 운영에 5개 정도를 사용하였다. 그러나 정보화 시대에 이르러서는 10개 이상의 정보 팩터를 추출하여 활용하게 되었다. 정보라는 단어가 공식적으로 인식되지 않았을 때는 정보라는 개념이 없는 상태에서 정보를 추출하고 활용하였기 때문이다. 그러나 정보라는 단어가 공식적으로 인식된 상태에서는 더욱 많은 정보를 추출하려고 더 열심히 노력했을 것이고, 더 많은 팩터를 찾을 수 있었을 것이다. 정보화 시대에 이르러 본격적이고 체계적으로 정보를 추출하고, 이를 분석하고 활용할 수 있어야 한다는 개념이 명확하게 잡혀 있기 때문에 가능한 일이다.

짜장면을 만들어 팔고 있는 사업자가 정보화 시대 이전에 추출한 정보는 대략적으로 이러했을 것이다. 짜장면의 맛이 어떠해야 손님들이 좋아하는지, 양이 많은 것을 선호하는지, 직원의 친절도가 얼마나 좋은지, 이 식당의 서비스가 얼마나 좋은지 등이다. 이러한 정보를 추출하여 사업에 활용했을 것이다. 그러나 정보화 시대에는 그 팩터 이외에도 더 많은 것들을 찾아낼 수 있다. 그 지역의 고객들이 연령별로 몇 퍼센트를 차지하는지, 음식의 염도가 어느 정도일 때 고객들의 선호도가 높은지 등을 다양하고 한 단계 깊게 정보를 분석하여 활용해야 한다. 정보화 시대에는 정보의 개념을 정확하게 인식하고 활용해야 한다는 것을 짜장면 사업자도 알고 있기 때문에, 한 단계 더 높은 정보를 추출하고 활용할 수 있다.

일반적으로 정보화 시대라고 생각하면 막연하게 컴퓨터를 사용하는 것이 정보화라고 생각하는 경우가 많다. 그러나 그것은 정보를 잘못 인식하고 있는 것이다. 인간의 머리로 많은 정보를 추출하고 분석하여 활용하는 것은 한계가 있으며, 다양한 정보를 인간의 머리로 직접 관리하는 것이 어렵기 때문에 복잡한 정보를 컴퓨터를 사용하여 정보를 추출하고 분석하는 것이 정보화 사회인 것이다. 인간이 대량의 정보를 직접 정확하고 정밀도 높게 분석하는 것은 불가능하기 때문이다. 즉, 정보화는 정보를 다양하게 추출하고, 그 중에서도 정확한 고급 정보를 추출하여 정밀하게 정보를 분석하기 위한 것이다.

이와 같이 다양한 정보를 추출하고 분석하여 활용할 경우에는 그렇지 못한 짜장면 가게보다 훨씬 경쟁력이 있을 것이다. 정보화 개념을 정확하게 인식한 가게는 그렇지 못한 가게보다 경쟁력이 훨씬 높아진다. 여기서는 짜장면 가게를 예를 들어서 설명하였지만 정보화 시대에는 우리가 살아가는 모든 일에서 정보를 본격적으로 활용하는 시대가 도래한 것이다.

우리가 말하는 족집게 과외는 입시에 대하여 더 많은 정보를 추출하고 분석했기 때문에 가능한 것이다. 이것이 정보화 시대에 부응하고, 정보화 시대에 발맞추어 적응하는 길이라고 할 수 있다. 여기서 얻은 키워드는 우리가 살아가는 데 있어서 어떤 일에 부딪혔을 때, 다양한 정보를 취득하고, 상세하게 분석해야만 성취도 높은 인생을 살아갈 수 있다는 것이다. 이제부터는 여러분들도 항상 정보라는 개념을 인식하고, 모든 일에 있어서 선택이나 결정을 할 때에 다양한 정보를 활용하게 된다면 훨씬 성공 확률이 더 높아진다는 개념을 가지고 살아가기를 바란다. 정보의 개념을 정확하게 인식하고 유용한 정보 캐치 능력을 배양하는 것이 정보화 사회에 성공적으로 적응하는 길이고 성취도 높은 인생을 살아가는 길이라고 다시 한 번 강조한다.

둘째, 2.1절에서 역대 대통령들의 예를 들어서 목표 키워드를 잡는 능력을 기르자고 강조하고 있다. 이것도 유용한 정보의 캐치 능력을 기르자는 말과 같은 맥락이다. 말하자면 역대 대통령들의 직무 수행에 있어서 키워드는 없는 키워드를 창조한 것이 아니다. 이미 사용하고 모두 알고 있는 단어이다. 그러나 그 단어를 키워드로 잡았을 때는 정보가 되고, 키워드로 잡지 않고 그냥 일반 단어로 두게 되면 일반 데이터가 되는 것이다.

즉, 일반 단어로 그냥 놔두게 되면 쓰레기 데이터가 되고, 키워드로 사용하게 되면 유용한 정보가 되는 것이다. 내가 여기서 말하는 '정보'와 '데이터'의 개념을 정확하게 인식하도록 하자. 인생을 살아가는 데 있어서 정확한 정보를 추출하여 정보로 사용할 줄 아는 것이 정보의 캐치 능력이다. 이 책에서 제시하고 있는 주제들도 따지고 보면 대부분 알고 있는 내용이고 당연한 논리를 정리하고 있다. 그러나 **여기서 제시한 주제를 그냥 알고 지나칠 경우에는 쓰레기 데이터가 되지만, 여기서 추천한 주제를 중요한 정보로 캐치하여 인식하고 활용하였을 때는 여러분에게 유용한 정보가 된다는 것을 알아야 한다. 또한 효용성 있는 정보로 사용하였을 때 여러분의 인생에 큰 도움이 된다는 것도 알아야 한다.**

이공계 출신인 내가 이 책을 쓸 수 있다고 생각하고 쓰기로 결정한 것도 정보의 캐치 능력에 따른 것이고, 목차의 주제와 세목을 선정하는 것도 정보의 캐치 능력이라고 이야기할 수 있다. 만약에 이 책이 베스트셀러가 된다면 나는 엄청나게 훌륭한 정보를 캐치하여 성공했다고 이야기할 수 있을 것이다. 여기서 이야기하고자 하는 것은 바로 이렇게 많은 **정보 데이터의 홍수 속에서 유용하고 중요한 정보를 캐치하여 성공적으로 활용하는 능력을 기르자는 것이다.**

6

창조적인 아이디어로 과감한 변신에 도전하자

이 절에서는 창조적인 자기 역량의 진단과 계발 방법에 대하여 논하고자 한다. 창조적인 역량의 자기 계발은 자기에게 존재하는 능력의 무한함을 발견하고, 과감하게 변신에 도전하는 것이다. 창조적인 역량을 스스로 진단하고 찾아내는 방법과 이것을 수행하기 위하여 변신에 도전하는 방법에 관한 설명이다.

나는 어릴 때부터 내성적이고 숙맥이었으며, 집안도 그리 내세울 게 없는 평범한 시골 농사꾼의 집안에서 태어났다. 어린 시절에는 할아버지와 아버지의 기대에 부응해야 한다는 의무감을 항상 가지고 살았다. 왜냐하면 어린 시절에 할아버지로부터 "너는 우리 집안의 장손으로서 집안을 일으켜야 하기 때문에, 성공적인 인생을 살기 위해서 면 서기는 되어야 한다."고 가르침을 받고 있었기 때문이다. 이 기대에 부응하기 위해 나는 과감하고도 무리한 도전을 하게 되었는지도 모른다.

나는 컴퓨터를 전공하고 평범한 회사원 생활을 하다가 41살에 이르러서야 대학교수가 되겠다고 마음을 먹었다. 이때부터 공부를 시작하여 석·박사과정을 이수했으며, 정보처리기술사에도 도전하였다. 그 이후 대학에서 강의를 하였는데, 문득 고위직에 대한 열망이 생겼다. 관련 경험도 전혀 없고 성격에도 맞지 않다고 생각되었지만, 나는 정치인으로 변신하여 정치계에 입문하게 되었다. 그리고 인문계 책과는 관련성이 떨어지는 이공계 출신임에도, 인생의 레시피에 관한 인생 코칭 책을 쓰는 작가로 변신하게 되었다. 이것은 다시 생각해 봐도 정말 과감하고 용감한 도전이자 변신이라는 생각이 든다.

기존의 이력으로 보아서 이 세 번의 과감한 도전과 변신은 무슨 힘이었는지 모르겠다. 훌륭한 창조적 아이디어의 발상일 것이다. 변신에 도전하게 된 것만으로도 정말 스스로가 대견스럽게 느껴지고 칭찬할 만하다는 생각이 든다. 물론 현재 쓰고 있는 이 책이 얼마나 사람들에게 읽히고, 내가 원하는 만큼 창조적인 역량을 기르는 방법을 전수할 수 있을지는 모르겠지만 이런 창조적인 아이디어를 찾아서 변신에 도전하는 것만으로도 충분히 긍정적이고 희망적이라고 생각된다.

이 책을 써야 한다는 생각도 창조적 아이디어의 발상에서 나왔다. 학장을 퇴임하고 다른 일이 생길 때까지 무엇을 할 것인가에 대해 열심히 여러 대안에 대해 생각하며 창조적 역량을 발휘해 보았다. 이렇게 노력하는 와중에 지인으로부터 특강을 제안 받게 되었다. 그때는 자료를 정리할 시간도 없고, 귀찮다는 생각도 들어 특강을 거절했었다. 그러나 곰곰이 생각을 해보니 『성공적인 나의 인생 레시피 만들기』라는 책은 나중에 은퇴하고 쓸 계획이었으나 어차피 쓰려고 했던 것이고, 이 책을 조기에 출판할 경우에 각종 단체에서 특강도 할 수 있겠다는 생각이 들었다. 이를 통해 창조적인 인생 레시피에 관한 능력 개발 방법론을 후배들에게 직접 설명할 수 있다는 것을 깨닫게 되었다. 또한 나중에 선출직에 진출할 때 홍보할 수 있는 기회로 삼을 수 있을 것 같다는 생각이 들었다. 이러한 계획은 일거다득이라는 창조적인 발상을 통해 떠올렸으며, 바로 『성공적인 나의 인생 레시피 만들기』라는 책을 써야 한다는 정보를 캐치하여 키워드로 선택하게 된 것이다.

이공계 출신인 나에게 코칭이라는 책을 쓰겠다는 것은 창조적 변신의 시도였다. 한편으로는 이렇게 좋은 정보를 찾아서 캐치하게 된 동기와 과감하게 실행에 옮기게 된 도전이 나에게 큰 행복과 쾌감으로 느껴지기도 하였다.

이러한 사례와 같이 유용한 정보는 우리의 일상생활에서 접하게 되는 우리 주변에 흩어져있다. 능력 있는 사람은 이런 주변의 정보를 지나치지 않고 캐치하여 키워드로 잡아서 성공적으로 활용하는 사람인 것이다. 따라서 우리는 항상 주변에 흩어져있는 정보를 찾으려는 의식을 가지고 살아간다면 좋은 유용한 정보를 찾아서 성공적으로 활용하는 성취도 높은 인생 레시피를 만들어 갈 수 있을 것이다.

이와 같이 여러분들도 **당신의 능력과 역량에 맞는, 주변에 흩어져 숨어있는 유용한 정보를 캐치하여 보자. 그리고 과감하게 도전하고 변신할 수 있는 역량을 기른다면 성공적인 인생을 개척하여 성취도 높은 인생을 살아갈 수 있을 것이다.**

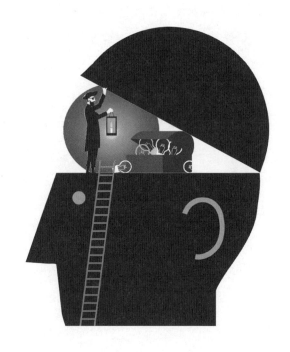

7
리스크의
역발상을
한판 뒤집기의
기회로!

우리가 인생을 살아가는 데 있어서 때로는 탁월한 역발상을 통해 리스크risk를 더 높은 성공의 기회로 만들 수가 있다. 여러분들도 이번 절에서 제공하는 역발상을 지혜롭게 활용하여 더 성공적인 인생을 살아가기를 기대한다. 나의 경험 중에서 성공적이었던 탁월한 역발상의 중요성을 사례로 설명하도록 하겠다.

첫째, 우리가 역발상을 함으로써 리스크(위기)가 나중에 훨씬 성공적이고 유리해지는 경우가 많이 있다. 이것이 바로 내가 주장하는 탁월한 리스크의 역발상인 것이다. 나는 나의 미래를 위해서 정치계에 입문할 때에 한나라당과 민주당 중에서 하나를 선택해야 했다. 대부분의 사람들은 호남 사람이 왜 한나라당을 선택하느냐고 책망하였다. 그러나 이것은 한 수만 볼 수 있는 보통 사람들의 선택이다. 나는 호남 사람이지만 한나라당과 민주당 중에서 한나라당을 선택하였다. 왜냐하면 호남에는 한나라당 출신들이 너무 적어서 공직이나 국회의원 공천 시에 경쟁자가 별로 없기 때문이었다. 정계에 한 번도 기웃거리지 않았던 내가 갑자기 정계에 입문하여 성공을 거두기란 바늘구멍에 들어가기보다 어려운 일이었다. 그러나 한나라당을 선택하는 역발상으로 나는 수월하게 국회의원 공천에 성공할 수 있었고, 공직에도 진출할 수가 있었다. 내가 민주당을 선택했다면 국회의원 공천뿐만 아니라 도의원 공천도 쉽지 않았을 것이라는 생각이 든다. 대선이 끝나고 난 후 낙선자들의 공직 진출 기회에 있어서도 민주당 내에는 경쟁자가 많아서 성공하기가 훨씬 어려웠을 것으로 판단된다.

만약 내가 민주당을 선택했더라면 지금 어디에 와 있을까? 대학장까지 갈 수 있었을까? 이렇게 반문을 던져보면 누구나 내가 탁월한 선택을 했다고 말할 것이다. 여기서 여러분들도 나의 인생 항로에서 역선택의 방법에 대하여 한 수 배워야 할 것이다. 이제는 역발상의 선택을 어떻게 해야 하는지 알겠는가? 이것이 내가 말하는 탁월한 역발상의 묘미이다.

둘째, 이번에는 더 정확하게 역발상을 통한 성공적인 사례를 하나 더 설명하고자 한다. 내가 알고 있는 지인 중에서 교수가 되기를 원하는 사람이 있었다. 이 사람은 서울대나 연·고대에 합격하기는 쉽지 않았으나 지방 국립대에서는 모든 학과에 합격할 수 있을 정도의 실력을 가지고 있었다. 그런데도 이 사람은 우수한 성적으로 지방 국립대에서도 경쟁이 약한 농생명과학대학에 입학하였다. 그래서 국립대학에서 학부 성적을 우수하게 이수하여 졸업하였고, 대학원의 석·박사 과정도 이 대학에서 마쳤다. 그 결과 교수의 채용 과정에서 모교의 시범 케이스로 전임 교수가 되었다. 참고로 요즘은 국립대학의 교수가 되기 위해서는 서울대를 졸업해도 쉽지 않다는 것을 말하고 싶다. 이렇게 역발상으로 더 성공적인 인생을 살아가는 사람이 인생 9단이라는 생각이 든다. 법학과의 교수나 경쟁력이 약한 학과의 교수나 무슨 차이가 있는가? 똑같이 국립대학의 교수이다. 여기서 예시로 든 두 가지의 사례를 살펴보면 리스크의 역발상을 훨씬 성공적으로 활용할 수 있다는 것을 알게 된다.

여러분들도 여기서 알려준 **역발상을 활용하여 여러분의 능력으로 달성하기 어려운 것도 훨씬 성공적으로 해낼 수 있다는 것을 깨달았을 것이다. 이렇게 역발상을 효율적으로 이용함으로써 인생을 성공적으로 살아갈 것을 중요한 키워드로 제시하고자 한다.** 이것이 곧 인생 9단만이 생각할 수 있는 역발상이라는 것, 여러분에게 인생의 성공적인 삶을 위한 한판 뒤집기라는 바둑의 한 수라고 코치한다. 우리 주변에는 이러한 역발상을 적용할 수 있는 분야가 많이 있을 것으로 생각된다. 따라서 여러분들의 인생 항로에 있는 역발상의 팩터를 열심히 찾아보고 역발상이 가능하다고 생각되는 분야가 있다면 역발상을 적용하여 훨씬 더 성공적인 인생 레시피를 만들어 갈 수 있도록 노력할 것을 권고한다.

8
나의
무한한 잠재 능력을
계발하자

인간의 잠재력은 무궁무진하다고 한다. 그리고 인간이 살아가면서 자기의 잠재력을 4%밖에 활용하지 못한다는 전문가의 강의를 들은 적이 있다. 이것은 인간의 잠재력은 무한하다는 것을 의미하고 대부분의 사람들이 그 잠재력을 개발하지 못하고 살아간다는 것을 의미한다.

  - 무슨 일이든 될 때까지 하라
  - 어떤 일이든 열정을 가지고 될 때까지 하라
  - 좋아하고, 사랑하는 것을 "만 번" 하면 안 되는 일이 없다

이러한 잠재력에 관한 이론들은 무궁무진한 잠재력을 어떻게 개

발하느냐에 있다. 이 책의 4장에서 유년기에 톡톡 튀는 아이디어로 창조적 능력을 개발하자고 시작한 것도 우리의 잠재력을 열심히 찾아내고, 잠재력을 개발할 수 있도록 유년기를 보내야 한다고 주장하기 위한 것이라고 이야기하고 싶다.

나의 친인척 중에는 전체 고입 정원의 10%밖에 떨어지지 않는 인문계 고등학교에 입학할 수 있는 실력이 되지 못하여 일찌감치 실업계 상업고등학교에 시험을 치르고 입학한 조카가 있다. 그러나 고등학교에 입학한 뒤에 상업고등학교에서 전교 수석을 하다가 자신감을 찾았는지 아니면 잠재력을 찾아냈는지 전교 수석을 놓치지 않고 열심히 공부를 하였다. 고등학교를 졸업하고 난 후에는 국립은행에 고졸 취업 케이스로 합격하여 열심히 다니고 있는 것을 보고 인간의 잠재력에 대하여 생각하게 되었다.

자신감이었는지 잠재력이 나온 것인지 모르지만 우연히 실업계 고교에 입학하고부터는 공부도 열심히 하고 일등을 놓치지 않기 위해서 더욱 열심히 노력한다는 이야기를 들었다. 국립은행에 입사한 이후에는 어린 나이에도 고객 관리와 영업 관리도 너무나 잘하고 있다고 자랑하는 동생을 보았다. 이것을 보면서 인생의 잠재력은 무한하다는 것을 느끼게 되었다.

초·중학교 때에 줄반장 한 번 못 해본 내가 회사원에서 교수로 변신하고, 다시 정치인으로 변신하였다. 또한 이공계 출신임에도 불구하고 인생 레시피에 관한 인문학 책의 작가로 변신까지 하게 되었다. 전산실장에 안주하지 않고 41살의 늦은 나이에 교수가 되겠다고 학생으로 되돌아간 뒤 교수로의 변신은 쉬운 일이 아니었다. 그러나 나의 이러한 사례는 인간의 잠재력이 무한하다는 반증이 아닐까 생각된다. 내가 도전 정신과 욕심이 없는 사람이었다면 정치인으로 도전의 제안이 들어왔을 때 그냥 안주하고 국회의원의 출마를 포기하였을 것이다. 그리고 또 다른 분야인 인생 레시피에 관한 책을 쓰기로 결정한 것도 보통 사람이라면 도전하지 못했을 수도 있다고 생각된다. 사실 나도 이러한 도전을 가지고 많은 고뇌와 망설임을 경험했기 때문이다. 이러한 과감한 도전의 사례는 인간의 잠재력을 계발하는 대표적인 사례로서 여러분도 할 수 있다는 자신감을 가지고 도전하여 당신의 숨은 잠재 능력을 계발하기 위한 도전을 제안하고 싶다. 4장의 창조적 아이디어를 만들 수 있는 능력을 배양하자는 것도 유년기에 내가 직접 경험한 무한한 잠재력의 계발 사례라는 생각이 들어서 유년기에 필요한 레시피로 제시하게 된 것이다.

인간의 손가락 피부는 1만 분의 1cm밖에 안 되는 작은 철 조각을 감지할 수 있으며, 엄마들은 아기 이마에 입술을 대 보고 섭씨 1천 분의 4℃밖에 안 되는 체온의 변화를 분간해 낼 수 있다고 한다. 그리고 인간의 잘 훈련된 혀는 물속에서 2백만 분의 1밖에 들어 있지 않은 키니네의 맛을 감별해 낼 수 있다고 하니, 인간이야말로 신비의 잠재력을 보유한 덩어리라고 할 수 있겠다.

이와 같이 인간의 잠재력은 활용하기에 따라 엄청난 폭발력을 가진 힘으로 나타날 수 있지만 대부분의 사람들은 이 엄청난 힘을 제대로 써 보지도 못하고 그냥 묻어버리게 된다고 한다. 인간은 이렇게 엄청난 힘과 능력을 보유하고 있으므로 연구하고 고뇌하여 개발하면 어떤 일이라도 할 수 있겠지만 편안하게 안주하다 보니 그럴 필요를 느끼지 못한다는 것이다.

즉, 인간이 자기 인생에서 최선을 다해간다면 자기의 잠재력을 폭발적으로 발휘할 수 있고, 상상할 수 없을 정도의 기적 같은 잠재력을 이룰 수 있다는 말이다. 한마디로 인간의 두뇌를 최대한 활용한다면 인간에 의해 만들어지지 못할 것은 아무 것도 없을 것이다. 하늘이 무너져도 솟아날 구멍이 있다는 말도 인간의 잠재력은 무한하기 때문에 아무리 어려운 일도 최선을 다하면 반드시 해결할 수 있다는 인간의 잠재력을 이야기하는 것이라고 생각된다. 이러한 인간의 잠재력을 찾아내서 자기 계발로 유도한다면 나도 무한한 능력자로 발전할 수 있다. 따라서 자신감을 가지고 나의 잠재력을 발굴하고 길러내서 성공적인 인생을 살아갈 수 있도록 최선을 다하며 살아가자.

chapter 3

성공적인 삶의 교훈에서
얻어야 할 격언의 레시피는?

　인생을 살아오면서 선조들이 터득한 삶의 지혜와 내가 경험하여 얻은 성공적인 인생 레시피가 격언에 있다는 것을 발견하게 되었다. 어리고 젊었던 시절에는 어른들의 이야기가 모두 잔소리이고, 케케묵은 것이고, 낙후된 생각이라고 생각하며 살았었다. 그러나 40세인 불혹에 접어들면서부터는 어른들의 말씀이 대부분 옳다는 사실을 인식을 하게 되었다. 나이에 따라서 가지고 있는 정보의 숫자에 차이가 있기 때문이라는 것을 알아가게 되었다.

　예를 들어 10대의 젊은 나이에 가지고 있는 정보가 10개라면 불혹의 나이가 되었을 때 가지고 있는 정보가 30개는 된다는 말이다. 학생 시절에는 학문에서만 얻을 수 있는 지식으로 도덕적 · 정상적인 정보에 불과하지만, 사회생활을 하면서 얻은 정보는 실용적이면서도 비정상적인 정보가 많이 있다. 또한 실무적 경험에서 얻은 실용적인 알짜배기 정보라는 것도 알게 되었다.

지금은 무조건 어른들의 말씀이 모두 옳다고 생각한다. 왜냐하면 격언이나 속담에서 얻은 정보는 선조들이 수천 년간 살아오시면서 얻은 삶의 지혜를 전달하는 정보이니 당연히 옳다는 것을 이제야 깨우치게 된 것이다. 그래서 성취도 높은 인생을 살아가기 위해서는 이 격언의 지혜를 최대한 활용하여야 한다고 생각하게 되었다.

　이번 장에서는 내가 살아오면서 얻은 격언의 지혜 중에서 가장 중요하고, 인생에서 절실하게 경험했던 격언이나 속담을 정리하고 있다. 그러나 여기에서 설명하지 않은 격언이나 속담도 우리가 인생을 살아가면서 어떤 문제점을 만나게 될 때 판단의 기준으로 삼고 인생의 교훈으로 여기며 살아갈 것을 강력하게 권고한다. 이 책을 읽는 여러분들도 인생사에서 수천 년 동안 얻은 지혜가 격언에 담겨 있다는 것을 인식하고 교훈으로 삼아서 성공적인 인생을 살아갈 수 있기를 바란다.

　격언이 옳다는 것을 모르는 사람이 누가 있느냐고 말할 수도 있지만 직접 경험하지 않고는 그냥 중요하게 생각하지 않고 지나치게 된다. 즉, 누구나 알고 있는 지식이지만 효용성 있는 정보로 활용되었을 때 정보로서 활용 가치가 있다는 것이다.

　나도 격언이나 속담을 잘 알고 있다고 생각했지만 실패하고 난 후에야 그 중요성을 진심으로 깨닫게 되었다. 그래서 여러분이 격언이나 속담에서 나오는 이야기를 그냥 지나치지 말고 마음 깊이 새겨들어서 실패하는 일이 없기를 바라며 이번 장을 설명하고자 한다. 따라서 여러분들도 이러한 격언의 교훈을 새겨서 평범하면서도 중요한 지혜를 놓치는 과오를 범하지 않기를 바란다. 즉, 격언을 교훈 삼아서 어떤 일이 자기 앞에 닥쳐왔을 때 지혜롭게 성공적으로 살아가기를 바란다. 여기서는 내가 직접 경험하고 접하게 되었던 가장 중요한 격언과 속담 중에서 일부만 추출하여 수록하고 있다.

1
구슬이
서 말이라도
꿰어야 보배다

우리가 살아가다 보면 어떤 어려운 일이나 판단하기 힘든 일을 해결해 나가야 할 경우가 많이 있다. 이러한 어려움을 해결하기 위해서는 격언이나 속담에서 교훈의 지혜를 얻어야 한다. 그리고 격언이나 속담의 교훈이 우리 삶의 지표가 되어야 한다고 생각한다.

나는 40세가 넘어서야 불혹이라는 의미를 진정으로 깨우쳤으며, 50세에는 지천명의 참뜻을 깨우쳤다고 생각한다. 보통 사람들도 불혹에는 인생의 사는 방법에 대하여 스스로 터득하게 된다고 한다. 그러나 나는 이것을 실행에 옮기는 것이 쉽지 않다는 것을 깨닫게 되었다. 회사에서 상사를 어떻게 모셔야 하고, 어떻게 행동해야 상사로부터 인정을 받을 수 있는지? 부하 직원을 어떻게 다루어야 존경 받는 상사가 될 수 있는지? 부하 직원을 어떻게 대우해 줘야 부하 직원으로부터 존경 받고 가까운 사이가 되는지? 이에 대하여 다년간의 회사 생활을 통한 경험과 상사를 모셔 본 경험 덕분에 알게 되었다고 생각한다.

그러나 인생의 대인 관계에 있어 잘할 수 있는 방법을 깨우쳤다고 해서 모든 사람이 직장 생활을 잘하는 것은 아니다. 왜냐하면 직장 생활을 어떻게 하여야 하는지를 경험으로 깨우쳤다 하더라도 그 사람의 인성이나 성격이 각각 다르기 때문에 그대로 실행에 옮길 수는 없기 때문이다. 그리고 사람은 스스로 터득한 삶의 지혜를 실제로 적용하여 실행하려는 의지와 피나는 노력이 있어야 성공적으로 살아갈 수 있는 것이다.

지천명이란 하늘의 뜻을 깨우친다는 나이다. 50살이 되어 인생을 살다보니 직장을 옮기거나 성공을 위하여 열심히 살아온 것이 하늘의 뜻으로 이루어진다는 것 같다는 생각이 든다. 왜냐하면 아무리 열심히 노력하여도 이룩하지 못하는 일이 있고, 적당히 노력해서 쉽게 이루어지는 일도 있다. 어떤 사람은 하는 일마다 잘되기도 하고, 어떤 사람은 하는 일마다 실패하기도 한다. 물론 일에 대한 그 사람의 추진 능력이 다르기 때문이라고 생각하지만 그렇지 않다는 느낌이 들 때도 있다.

예를 들어서, 우연이겠지만 복권 당첨도 이상하게 되는 사람만 잘된다. 그렇다고 적당히 살아가라는 말은 절대 아니다. 열심히 노력하고 미리 준비해서 나에게 기회가 주어졌을 때, 그 기회를 놓치지 않고 잡아야 한다는 것을 말하려는 것이다. 설령 원하는 기회를 놓친다 하여도 하늘의 뜻이려니 하고 다음 기회를 기다릴 줄 알아야 한다.

이 절에서 격언이나 속담은 인류가 수천 년 동안 경험에서 얻은 지혜이기 때문에 진리이고, 교훈이며, 삶의 지혜라고 믿고 살아야 한다는 것을 여러분에게 키워드로 제시한다. 우리는 이러한 격언의 참뜻을 실제 경험으로 체험하고서야 삶의 교훈으로 삼아서 살아가야 한다는 것을 깨우치는 것 같다. 그리고 이것을 실행으로 옮기는 것은 더 어렵다는 것을 깨우치게 된다. **아무리 쉬운 일도 실행으로 옮기지 못하면 의미가 없다. 실행에 옮겼을 때 격언이나 속담의 진정한 효용 가치가 있다는 것이다.** 격언이나 속담이 옳다는 것은 누구나 알고 있지만 모든 사람들이 똑같이 성공적으로 살지 못한다는 것은 무엇을 의미하는지 알아차려야 한다. 그리고 그것을 지킬 수 있도록 최선의 노력을 다해야 한다.

"구슬이 서 말이라도 꿰어야 보배다."라는 속담이 있다. 아무리 좋은 속담이나 격언도 지키지 않으면 보배가 아니라는 이야기다. 깨우친다고 해서 모든 사람들이 이러한 진리를 지켜 행동으로 옮기기는 어렵다는 말이다. 모든 사람이 이러한 격언의 교훈을 깨우치고 지킬 수 있다면 모두 성공적인 인생을 살 것이다. 하지만 그렇지 않은 사람이 더 많기 때문에 모두가 성공적으로 살아갈 수 없는 것이라고 생각한다. 독자들은 이 의미를 깊이 깨닫고 모든 교훈을 지킬 수 있도록 최선을 다해서 노력하고, 실행에 옮기면서 살아가기 바란다.

가화만사성이라는 격언이 있지만 가화만사성을 이루지 못하고 살아가는 사람이 더 많다는 것을 살펴보면 알 수 있을 것이다. 아무리 좋은 격언이라도 제대로 사용하지 못하면 보배가 아니라는 말이다.

여기서 나는 **"구슬이 서 말이라도 꿰어야 보배."**라는 말을 다시 한 번 강조하고 싶다. 이 모든 격언의 참뜻을 교훈으로 삼아보자. 그것을 직접 실행으로 옮기는 노력을 하면서 인생을 살면 성취도 높은 성공적인 인생을 살 수 있을 것이다.

이 책에서 논하고 있는 성공적 인생 레시피들이 아무리 좋다고 해도 여러분이 직접 실행에 옮기지 못하면 일반 데이터에 그쳐버리고 만다. 그것은 구슬로 사용하지 못하고 길바닥에 흔하게 버려진 돌에 불과하다는 것을 강조하고 싶다.

2
하늘이 무너져도
솟아날 구멍이 있다

나는 인생을 살아가는 데 있어서 격언이 인생의 모범적인 교훈이며 삶의 지침이라고 이야기했다. "하늘이 무너져도 솟아날 구멍이 있다."는 격언의 교훈을 직접 경험하고 40대의 불혹이 되어서야 깨우치게 된 것 같다. 나는 정말 중요한 깨우침을 격언에서 얻었고, 인생에 많은 도움이 되었다는 것을 사례를 들어서 설명하려고 한다.

내가 40세가 되었을 때 컴퓨터 전공자로서 전산실장이 되었다. 그러나 지방대를 졸업한 나로서는 더 이상 위로 올라갈 수 있는 희망이 없어 보였다. 고등학교 때부터 동료들과 열심히 전투하듯 경쟁하면서 최후의 승리자가 되기 위하여 열심히 살아왔다고 생각했다. 그러나 경쟁에 이겨서 직장 생활 10년 만에 내가 원하던 부서장이 되고 보니 앞으로 나아길 길에 희망이 더는 없어 보였다. 앞으로도 직장 생활이 15년 이상 남아 있는데 더 이상의 승진이나 앞으로 전진할 희망이 없다고 생각되었을 때 나는 미래가 암울하게 느껴졌다.

나는 나름대로 정말 열심히 살아왔다고 생각했다. 그러나 그때 나의 이력은 학사 졸업에 조그마한 회사의 부서장뿐이었다. 문득 현실이 너무나 초라하게 느껴졌다. 그런데다가 지방대 출신이라서 대기업의 전산실장으로 이동하는 것은 더욱 어렵겠다는 생각이 들었다.

나는 내 인생에 더 이상의 성공적인 희망이 없다고 생각하여 인생을 포기하게 되었다. 그냥 취미 생활이나 하면서 인생을 즐기며 살아가고자 하였다. 그래서 주변 저수지를 찾아다니며 1년 동안 낚시를 즐기고 살았다. 지금까지는 항상 앞을 향한 전진만을 위하여 노력해오다가 갑자기 목표점이 사라지자 우울증까지 오는 것 같았다. 그러던 중 "하늘이 무너져도 솟아날 구멍이 있다."는 격언이 생각났다. 그 격언을 새기며 열심히 새로운 방법을 찾다보니 대학에서 강의 요청이 들어왔다. 가만히 생각해 보니 다른 희망의 길이 없는 것이 아니라는 것도 알게 되었다. 전문대학은 오히려 실무 경력이 있는 교수를 원하기 때문에 대학 교수가 되는 길도 있다는 것을 깨닫게 되었다. 그래서 교수의 길로 가기 위하여 새로운 길을 찾아 새 출발을 하게 되었다.

나는 하늘이 무너져도 솟아날 구멍이 있다는 것을 직접 체험으로 알게 된 것이다. 그래서 나는 새로운 미래의 희망을 찾아서 나의 진로를 개척하기 위하여 새로운 길을 향하여 나서게 되었다.

나의 경험 외에 또 하나의 다른 예를 들어 설명해보겠다.

어떤 베스트셀러 여성 작가가 자기의 경험을 강의한 내용이 떠오른다. 그 작가는 불의의 사고로 온몸에 심한 화상을 입었다고 한다. 여성 작가는 온몸이 만신창이가 되어서 아무리 생각해 봐도 살아갈 수 있는 방법이 없을 것 같다는 생각이 들었다고 털어놨다. 그래서 한때는 죽기로 마음을 먹었다고 한다. 그러나 열심히 살아갈 수 있는 방법이 없는지 곰곰이 생각해보니, 자기가 혼자서 할 수 있는 것은 글을 쓰는 길도 있다는 것을 깨닫게 되었다고 한다. 죽기 살기로 열심히 생각해서 얻은 결과로 자기 경험을 글로 씀으로써 작가가 된다면 살아갈 수 있을 것 같은 희망이 있다는 것을 깨달은 것이다. 온몸이 만신창이가 된 상태에서도 현재를 극복할 수 있는 길은 수기를 적어서 책을 출판하는 길밖에 없다는 생각이 들었고, 자기가 경험한 일을 소재로 직접 글을 쓰게 되었다고 한다.

그 결과 자신의 이야기를 솔직하게 적은 글이 독자들의 마음에 더 큰 감명을 주게 되면서 그 책이 베스트셀러가 되었단다. 또한 여러 단체에서 인생의 역경을 극복한 경험담을 강의해서 귀감이 될 수 있도록 부탁하는 초청 강연이 쇄도하였다고 한다. 그녀는 특강도 열심히 하면서 힘든 인생을 극복하였고 하늘이 무너져도 솟아날 구멍이 있다는 것을 깨닫게 되었다고 한다. 정말 이 여성 작가의 경험담은 천우신조의 도움으로 하늘이 무너진 상황에서 자기의 삶을 구사일생으로 극복한 좋은 사례라고 생각된다.

이와 같이 이 세상에 아무리 어려운 문제도 열심히 노력하여 찾아보면 해결할 수 있는 방법은 반드시 있다. 인생을 살다보면 누구나 어려운 난관에 직면하게 된다. 여러분들에게도 그것을 해결할 수 있는 방법은 반드시 존재한다. 하늘이 무너져도 솟아날 구멍은 반드시 있으니 용기를 가지고 해결 방법을 찾아서 해결하기를 바란다.

아무리 현실이 어렵다고 하더라도 열심히 노력하면 극복하고 일어설 수 있는 방법은 반드시 있다. 그러니 너무 절망하거나 낙담하지 말고 해결 방법을 찾아서 성공적인 인생을 찾아갈 수 있도록 노력할 것을, 이 책을 읽고 있는 독자들에게 이번 절의 주제 키워드로 강력하게 권고한다.

3

인생에서
늦었다고 생각할 때가
가장 빠른 때다

옛날 격언에 "늦었다고 생각할 때가 가장 빠른 때다."라는 말이 있다. 여기서 얻은 교훈을 믿고 실행에 옮기면서 노력하여 얻은 실제 경험담으로 나의 사례를 통하여 설명하고자 한다.

나는 전산학 전공자 1세대였는데, 당시에는 전산 인력이 부족하여 전산학 전공자는 기업에 스카우트되어 가는 경우가 종종 있었다. 그래서 10년 만에 금융 회사를 거쳐 또 다른 중소기업에 부서장으로 스카우트되어 일하기도 했었다. 그러던 중 인생의 목표를 더 높게 잡기 위해 노력을 기울이기 시작했는데, 때마침 어느 대학에서 나를 겸임 교수로 초청한다는 제안이 들어왔다. 그때 나는 더 이상의 학력 신장의 기회도 없고 필요성도 없다고 생각하고 있었다. 이미 늦었다는 판단을 했기 때문에 학사로서 인생을 마쳐야 한다고 생각하며 살아가고 있었다. 그런데 이러한 제안은 나의 인생을 바꾸어 놓을 수 있을지도 모르는 또 다른 분야의 일을 할 수 있는 좋은 기회라고 생각되어 제안을 흔쾌히 수락하게 되었다.

처음에는 두려움도 있었지만 대학에 출강하고 보니 전공 분야에서 내가 진출할 수 있는 또 다른 세계가 있다는 것을 알게 되었다. 그러나 40대가 되었으니 이미 늦어서 더 이상의 사회적 성공의 기회나 목표가 없을 거라고 생각하였다. 그러나 한편으로는 대학교수가 될 수 있는 기회가 올 수도 있겠다는 막연한 생각이 들었다. 다시 말해서 더 성공적인 삶을 살 수 있는 기회가 있을 수도 있다는 생각이 들었다.

마흔에 석사과정도 시작하지 않은 상태에서 더 이상의 희망이 없을 것이라는 판단이 더 지배적이었다. 마흔이 넘은 나이에 다시 공부를 시작한다는 것이 너무 늦었다고 생각했던 것이다. 그때 "늦었다고 생각할 때가 가장 빠른 때다."라는 격언이 떠올랐다. 지금까지 경험으로 보아서 늦었다고 생각할 때가 빠른 때라는 격언을 믿고, 늦었지만 기회가 올 수도 있다는 말을 약간 의심하면서도 믿어보기로 하였다. 때마침 정보화 시대도 도래하고 있으니, 정보화 관련 정부 기관이 생기게 되면 혹시나 기관장의 기회가 올 수 있을지도 모른다는 생각을 하게 되었다.

결국 나는 41살에 대학원 석사과정에 입학하게 되었으며 박사과정까지 밟게 되었다. 설령 박사과정을 마치고 박사로서 그 직분에 맞는 직위에 올라갈 수 없다 하여도 공부라도 여한이 없도록 최고

학부까지 마치리라고 생각했었다. 내가 늦게나마 공부를 다시 시작한 이유는 내가 평소 학력에 대해 약간의 열등감을 가지고 있었기 때문이었다. 이를 해소하기 위하여 늦게나마 공부를 시작할 수 있는 용기를 냈던 것 같다. 학력에 있어서나 사회적인 직위에 있어서 적당한 열등감을 가지고 살아가는 것이 더 열심히 살아가기 위한 채찍질이 되는 것 같다.

늦은 나이에 교수가 되려고 하니 실무 경력만으로는 경쟁에서 우위를 점하기가 쉽지 않겠다는 판단이 들었다. 그래서 정보처리기술사 취득이 필수라는 생각도 하게 되었다. 나는 겸임 교수를 시작한 다음 해에 석사과정에 입학하게 되었고, 석사과정 중에 정보처리기술사 공부를 시작하여 자격증도 취득하였다. 석사를 마치고 난 후에는 박사과정에 들어가게 되었다.

이러한 이력을 가지고 초빙 전임 교수로 전직을 할 수 있었다. 뿐만 아니라 국제 IT 표준화 전문가를 비롯한 한국 SC32 표준화 위원과 SC68 표준화 위원으로도 활동하게 되었고, 국제협력단의 용역 사업인 파라과이의 고등 직업 훈련 학교의 설립 추진단 PMC로도 활동하게 되었다. 행정안전부를 포함한 각종 정보화 관련 기관에서 정보화 사업 평가 위원, 여수 엑스포를 비롯하여 정부의 정보화 자문 위원으로도 활동하게 되었다. 정보처리기술사의 출제 및 면접 위원으로도 활동하기도 하였다.

내가 이렇게 활동 내역을 상세하게 기술하고 있는 것은 화려한 경력을 자랑하려는 것이 아니다. 박사과정을 마치고 활용이 어렵다고 생각했으나 다양한 활동을 할 수 있었다는 것을 말하고자 하는 것이다. 이러한 이력이 나중에 선출직이나 공모직으로 진출하는 데에 많은 도움이 되었다.

그 결과 나는 여당의 국회의원에도 출마하였고, 국책 대학의 대학장까지 올라갈 수 있었다. 나는 앞으로도 선출직 기관장에 도전할 계획을 세우고 있다. 그러나 그때 만약 희망이 없다고 생각하고 석·박사 과정을 포기했었더라면, 아마 나의 학력은 학사로 그치고 직위는 평범한 회사원으로서 인생을 마무리하게 되었을 것이라는 생각이 든다. 따라서 "늦었다고 생각할 때가 가장 빠른 때다."라는 말이 정확했다는 것을 직접 체험함으로써 알게 되었으며, 여러분에게도 그 예를 설명하고 있다.

이 책을 읽는 사람들 중에도 어떤 일이 늦었다고 생각되어서 시작하지 못하는 사람이 있다면, 걱정하거나 의심하지 말고 지금 바로 시작하라. 그러면 반드시 당신은 인생을 성공적으로 살아갈 수 있을 것이라고 강력하게 코칭 하고 싶다. 우리가 인생의 성공을 위하여 재충전하는 데에 있어서 40대도 결코 늦지 않았으며, 가장 빠른 때라는 것을 이 책을 읽는 독자 여러분들이 반드시 기억하길 바란다. **모든 일에 늦었다고 낙담하지 말라. 지금 바로 그 일을 시작하고 도전한다면 성공할 수 있는 기회는 올 것이다.** 공부를 할 때도 일정한 수준에 오르면 공부의 효과가 투자한 시간에 대비해서 더 높아지는 것처럼, 노력의 결과는 반드시 나타난다. 다시 한 번 당신에게 지금 시작하는 것이 절대로 늦지 않다는 것을 강력하게 코칭 하며, 이러한 교훈을 거울삼아서 인생을 성공적으로 살아갈 것을 여러분에게 인생의 성공 레시피로 강력하게 권유하고 싶다.

4

인생에
반드시 오는
세 번의 기회를
놓치지 말자

우리 속담 중에서 "누구의 인생에서나 세 번의 기회는 반드시 온다."는 말이 있다. 60세가 가까워진 나에게는 세 번의 기회가 모두 왔는지, 그 세 번의 기회를 모두 잡았는지, 지난날을 되돌아보기도 한다. 나는 지금까지 그 기회를 절대로 놓치지 않으려고 최선을 다하며 살아왔다고 생각한다. 내 인생에서 중요한 기회는 많이 있었지만, 나에게 주어진 기회의 중요한 전환점을 되돌아보면 세 번의 기회를 선택할 수는 있을 것 같다. 내가 지금까지 살아오면서 경험한 많은 전환점 중에서 중요하다고 생각되는 전환점 3개를 꼽아서 세 번의 기회로 설명하도록 하겠다.

첫 번째 기회는 대학 졸업반 시절, 취업하기 위해 열심히 뛰어 다니던 때에 왔었다. 대학을 졸업하고 첫 직장은 나의 사회적 레벨을 결정하는 중요한 단계라고 생각했었다. 즉, 첫 직장을 중소기업에서 시작하게 되면 사회적 레벨이 낮은 수준으로 살게 될 것이며 대기업에서 시작하면 사회적 레벨도 높은 수준의 인생을 살아갈 것이라는 생각이 들었다. 그러던 중에 포항제철에서 필기시험에 합격하고 면접 통지서를 받은 상태였다. 나는 시력이 좋지 않아 군대를 보충역으로 마친 상태였는데, 문득 포항제철은 우리 국가의 방위 산업체니 신체의 건강을 매우 중요하게 여길 것이라는 생각이 들었다. 보충역 출신으로 군대를 마쳤으니 면접에서 불리할 것 같다는 판단이 선 것이다. 대학 졸업 후 첫 취업은 미래의 항로를 결정하는, 인생에서 세 번 온다는 그 중요한 기회일지도 모른다는 생각에 면접에서 반드시 합격해야 하겠다고 다짐하게 되었다. 반드시 이 기회를 잡아야 한다는 생각을 하고 며칠 동안 정말 열심히 고민해서 방법을 찾아보았다. 그 결과 톡톡 튀는 탁월한 아이디어가 떠오르게 되었다.

지도교수님의 추천서를 가지고 면접에 임하면 보충역 출신의 약점을 충분히 극복할 수 있을 것 같다는 생각이 떠올랐다. 나는 바로 지도교수님을 찾아가서 필기시험으로 뽑는 회사의 공채 시험에 합격하고 면접만 남아 있는데, 교수님의 추천서를 가지고 가서 면접을 치르고 싶다고 말씀드렸다. 교수님께서는 흔쾌히 누가 추천서를 써주면 되겠냐고 물으셨다. 나는 지도교수님이 추천서를 써 주시면 고맙겠다고 하면서, 학과장 추천서도 써 주시면 더욱 고맙겠다고 말씀드렸다. 그 다음날 정이 많으신 우리 교수님께서는 국립대학교 총장님의 추천서를 써 주셨고, 나는 포항제철에 무사히 합격하게 되었다.

교수님에게 추천서를 부탁하는 것은 누구나 하는 일상적인 일이라고 생각할 것이다. 하지만 필기시험으로 뽑는 공채 시험에서 필기시험을 합격하고 면접시험 때에 추천서를 써가는 것은 공무원 시험에 필기시험을 합격하고 면접시험에 추천서를 가지고 간 것이나 마찬가지라고 할 수 있을 것이다. 참고로 그때 면접 대상자 중에서 교수님 추천서를 가지고 왔던 사람은 나 혼자였다는 것을 강조하고 싶다.

지금에 와서 생각하여 보면 우리 학과의 다른 친구도 함께 면접을 갔었던 기억이 나는데, 나는 무사히 합격하였으나 그 친구는 면접에서 불합격하였다. 여기서 얻은 교훈은 정말 절실하게 원하는 것이 있다면 포기하지 않고 노력해야 한다는 것이다. 그 후로 나는 어떤 어려움이 닥쳐도 반드시 해결할 방법은 있다고 생각하며 자신감을 가지고 인생을 살아가게 되었다. 이 창조적 아이디어는 입사 시험에 합격하기 위한, 얼마나 좋은 아이디어인가? 간절함으로 추천서를 생각해 낸 것은 탁월하고 좋은 아이디어였으며, 그때 만약 기회를 놓쳤다면 내 인생은 어떻게 바뀌었을지 모른다는 생각이 든다. 생사를 가르는 중요한 기점에서 중요한 정보를 캐치하는 것은 무엇보다 중요하다. 그것은 주어진 기회를 잡으려는 간절함과 노력에서 비롯된 것이다. 이러한 아이디어가 인생을 성공적으로 만든 중요한 사례였다고 이야기하고 싶다. 지금에 와서 생각해보아도 이 기회가 나의 인생에서 만났던 세 번의 기회 중에서 첫 번째 기회였다고 생각을 하게 된다.

두 번째 기회는 전산 감리 회사에 다니면서 정부의 고위 공모직에 열심히 응시하였으나 번번이 실패를 맛보던 때에 왔다. 나는 인맥의 부족으로 공모직에 실패했다고 판단하였고 이때 인맥 관리의 중요성을 느꼈다.

인맥을 넓힐 수 있는 방법을 생각하다가 정치에 관여하기로 마음을 먹었다. 때마침 국회의원 후보로 출마하라는 제안도 들어왔다. 그러나 나는 이공계 출신이고, 내성적인 성격에다가 말재간도 없어서 국회의원에 출마하기에는 절대적으로 부족하다는 생각이 들었다. 처음에는 성격적으로 맞지 않는 것 같아서 출마를 포기할까도 생각하였지만 '혹시 이것이 인생에서 세 번 오는 기회 중의 하나가 아닐까?' 하는 생각이 들었다. 그래서 나는 정말 과감하게도 무모한 결심을 하였다. 공직에 진출할 수 있는 기회가 올 수도 있을 것이라는 막연한 희망을 가지고 국회의원에 출마하기로 결정하게 되었던 것이다.

호남에서 한나라당의 국회의원 후보였으니 당연히 낙선하게 되었지만, 결과적으로 보면 결코 실패한 도전은 아니었다. 나는 국가의 공직인 국책 대학의 대학장이 될 수 있었고, 인생에 두 번째 오는 기회를 잡게 되는 중대한 전환점이 되었다는 생각이 든다. 지금에 와서 생각해 봐도 무모한 도전이었으나, 정말 중요한 선택의 기회를 잡았다는 생각이 든다.

세 번째 기회는 아직 오지 않은 것 같다. 세 번째 기회가 이 책을 쓰는 것이 되었으면 하는 바람이 있다. 이 책을 성공적으로 쓰게 된다면 나는 정말 혁신적이고 창조적인 아이디어의 정보를 개발한 것이 될 것으로 생각한다. 책을 쓴다는 것은 나의 전공 분야와 전혀 상관없는 일이기 때문에 내 인생에 있어서 혁신적인 변신이자 도전의 기회라는 생각이 든다. 이 기회를 반드시 잡기 위하여 최선을 다하여 노력할 것이고, 이 책을 반드시 성공적으로 열심히 써볼 생각이다.

여기서 얻은 또 하나의 교훈은 인생에서 세 번 오는 기회가 어떤 것인지 모르기 때문에 모든 기회를 놓치지 않으려면 최선을 다해 살아야 한다는 것이었다. 이것은 인생에서 반드시 세 번의 기회를 잡도록 노력하면서 열심히 살아가라는 선조들의 교훈이라는 생각도 든다. 이외에도 나는 많은 기회가 있었다.

포항제철을 퇴사하고 보험 회사의 전산실로 옮기게 된 것도 나에게는 상당히 큰 전환점이었다고 생각한다. 그때 나는 전산실 경력 5년차로, 보잘것없는 경력을 가지고 있었다. 그것이 행운이었는지 우연히 지인을 통하여 고향의 금융회사 전산실 창립 멤버로 스카우트 제의가 들어왔다. 더군다나 나는 고향에서 교직에 근무하던 집사람과는 주말부부로 지내던 때였다. 금융 회사의 전산실로 가게 되면 서열은 차석이 되는 상황이었다. 부모님과 지인들은 그 좋은 국영기업인 포항제철을 그만두고 작은 기업으로 옮기느냐고 질책도 했지만 나는 과감하게 변신을 하기로 결정하였다.

내가 포항제철을 퇴사하고 포항을 떠나올 때 친구들과 환송 포커 놀이를 했었다. 그런데 그때 나는 다른 사람이 잡는 것도 평생 보기가 힘들다는 로얄 스트레이트 플러시를 잡게 되었다. 우연에 가까운 일이겠지만, 그날 포항을 떠나는 것이 내게 행운을 가져다 줄 것 같은 예감이 들었다. 내가 생각지도 못했으며 인생 계획에도 없던 대학의 대학장에까지 오를 수 있었던 것을 예시한 것이 아닌가 하는 생각도 들었다. 이것도 나의 인생에서는 상당히 큰 기회의 전환점이라는 생각이 든다. 나에게 더 이상의 인생 전환점이 오지 않는다면 나는 이것이 세 번의 기회 중의 하나였다고 이야기하고 싶다.

이와 같이 **독자들도 인생에서 누구에게나 반드시 세 번은 온다는 기회를 잡기 위하여 노력한다면 성취도 높은 인생을 살아갈 수 있을 것이다.** 우리가 살아오면서 누구에게나 닥쳐오는 중요한 전환점이라고 생각되는 기회가 오게 된다면 창조적 아이디어를 발휘하여 반드시 놓치지 말 것을 권고하고 싶다. 나는 항상 인생에 세 번의 기회가 온다고 생각하고 살았으며, 살아가다 보면 이것이 세 번의 기회 중에 한 번이라는 느낌이 오는 때가 있었던 것 같다. 그럴 때는 여러분도 정말 최선을 다해야 하고, 머리를 짜내서 창조적인 능력을 발휘하여 기회를 잡도록 노력할 것을 권하고 싶다. 그렇게 살게 된다면 반드시 여러분만의 성공적인 인생의 레시피를 만들어 갈 수 있을 것이다.

5

일 보 후퇴가
이 보 전진이
될 수 있다

　우리는 살아가다 보면 실패와 좌절을 맛보기도 한다. 그러나 이러한 실패와 좌절이 밑거름이 되어 이 보 전진하는 계기가 될 수 있다는 것을 나의 경험으로 이야기하려고 한다.

　나는 고등학교와 대학교를 재수하여 입학하였다. 그 경험은 나에게 더 노력할 수 있는 계기뿐만 아니라 어떤 어려움도 극복할 수 있는 힘이 되었다고 생각한다. 나는 중학교를 졸업하고 고등학교를 전주로 유학을 가려고 하였다가 시험에 실패하여 1년 동안을 집에서 보내게 되었다. 그때는 어려서 인생이 뭔지도 잘 모르던 때였다. 공부는 생각도 하지 않고 무의미하게 일 년을 보냈다.

　1년 동안 쉬면서 우리 고향에 있는 양송이 공장에 다니게 되었다. 나는 그저 용돈이라도 벌어야 한다는 생각 하나로 시골 고향의 양송이 공장에 나가게 되었다. 그때 우리 고향은 농사가 주 수입원이었고, 농사짓는 사람들은 농한기에 너나 할 것이 없이 버섯 공장을 다녔다. 그래서 나도 양송이 공장을 다니게 되었는데, 그때의 쓴맛이 내가 성숙하면서 참고 이겨낼 수 있는 힘이 되었다는 생각이 든다.

그 공장의 일꾼들은 너무나 냉혹해서, 어린 나이인 17살의 내가 버텨내기에는 무리가 있었다. 여태껏 보호를 받으면서 학교에 다니고 살아왔던 내가 회사의 막노동을 겪어내는 것은 정말 힘들었다. 그 집단은 이미 인정사정 봐주지 않는 냉혹한 사회였다. 지금까지는 부모와 학교의 품 안에서 보냈기 때문에 항상 보호를 받았고, 나를 위하여 주는 사람들 속에서만 살다가 냉혹한 현실에 부딪히게 된 것이다.

시골 사람들이 다니는 회사이다 보니 70년대만 해도 인권 같은 것은 생각하지도 않는 시대였다. 관리자들은 너무나 가혹했고, 말도 함부로 해댔으며, 욕설도 마구 내뱉고는 하였다. 잘못하면 엎드려뻗쳐서 엉덩이를 맞기도 하였던 기억이 난다. 열일곱의 어린 나이에 얼마나 서러웠으면, 꼭 성공해서 이 회사 간부로 입사해 수모를 갚아주겠다는 생각까지 하였겠는가?

양송이 공장에서는 리어카로 거름을 혼자서 나르는 힘든 일을 했다. 거름을 나르는 길은 바닥이 모래로 되어 있었다. 나는 학교만 다니느라고 일도 별로 해 본 경험이 없어서 키만 크다 뿐이지 허약

했으며, 힘도 잘 쓸 수 없는 소년이었다. 그러나 이러한 쓴 경험은 내가 상급 학교에 갔을 때 정말 공부를 열심히 하는 계기가 되었다.

그 계기로 고등학교에 가서는 공부를 열심히 했고, 시골 학교에서는 입학하기 힘들다는 국립대학에도 합격하게 되었다. 그러나 그때 우리 집은 가난해서 수업료도 제때 내지 못할 형편이었다. 고등학교 때의 선생님은 내가 수업료를 미처 내지 못했으므로 예비고사 원서를 써줄 수 없다고 하셨다. 나는 예비고사에 응시할 기회마저도 잃어버린 것이다. 어쩔 수 없이 대학교도 재수하여 입학하게 되었다. 그때 나는 반드시 성공해서 당당하게 그 은사님을 찾아뵙겠다는 각오도 했다.

이러한 실패가 밑거름이 되어 이후에 내가 크게 변신할 수 있는 힘이 되었다고 생각한다. 성격에 맞지 않는 정치에 과감하게 변신하여 뛰어들게 된 것에도 이러한 어려움이 큰 힘이 되었다는 생각이 든다. 그래서 지금은 내 사전에 아무리 어려운 운명이 닥쳐와도 극복해야 한다는 정신력을 가지고 살아가게 되었다. 또한 내게 이러한 시련이 없었다면 내 전공과 관련이 없는 정치에 입문하거나 이 책을 출판하려는 작가로 과감하게 도전하는 것을 주저했을 것이라 생각된다. 정말 일보 후퇴가 이 보를 전진하는 계기가 된다는 격언을 이렇게 실제 경험으로 체험하게 되었으며, 젊어서의 고생은 사서라도 해보라는 격언을 실감할 수 있었던 것 같다.

일반적으로 우리는 모든 격언을 실제로 경험하고 난 다음에야 깨달을 수 있다고 생각한다. 그리고 실패에 대한 체험의 강도에 따라서 반격의 강도도 달라진다. 중요한 것은 절실함을 경험한 만큼 더 절실함에 대하여 알게 된다는 것이다. 크게 움츠리는 개구리가 멀리 뛴다는 말이 있듯이, 쓴맛을 보았던 사람이 단맛도 크게 느끼게 될 것이다. 여기서 키워드로 제시한 "일보 후퇴 이 보 전진"이라는 격언도 우리가 살아가면서 가장 많이 접하게 되는 교훈이라고 생각된다. 비슷하게는 골이 깊어야 산이 높다는 말도 있으며, 남자는 군대를 갔다 와서야 철이 든다는 말도 있다.

여러분들이 만약 대학생이라면 이번 기회에 어려움의 경험을 얻기 위하여 아르바이트 중에서도 가장 힘들다는 옥천 택배 상차 알바를 체험해 볼 것을 권유하고 싶다. 노동의 가치를 직접 몸으로 체험하여 인생에서 경험하게 되는 어려움의 쓴맛을 체험해 보는 것도 인생을 살아가는 데에 큰 도움이 될 것으로 생각된다.

이렇게 비슷한 속담과 격언이 많은 것은 우리가 인생에서 가장 많이 접하게 되고, 가장 중요한 교훈이 되기 때문이라고 생각한다. 여러분의 인생에 도움이 될 수 있는 키워드로 "일보 후퇴가 이 보 전진이 될 수 있다."는 격언을 강력하게 추천한다. 이런 교훈들을 거울삼아서 인생을 열심히 살아가기를 바란다.

6

가화만사성
(家和萬事成)의
진리를 알자

어린 시절에 이웃집에 돌아다니다 보면 가화만사성家和萬事成이라는 한문 글귀가 쓰여 있는 것을 흔히 볼 수가 있었다. 그때는 그 뜻을 정확하게 알지 못하고 그냥 집안이 편안하면 모든 일이 잘 풀린다는 의미로 알고 있었다. 그러나 내 나이가 40살이 되고 가정의 힘든 일들을 겪으며 인생을 살다 보니 가화만사성이라는 격언의 참뜻을 마음속으로 깊이 알아가게 되었다. 이렇게 직접 경험하고 나서야 가화만사성의 중요성을 깨닫게 된 것이다. 여기에서 언급하는 격언들은 내가 실제로 경험을 통하여 체험하고 느꼈던 것을 기반으로 설명하고 있으며, 수천 년 동안 선조들에게서 전수되어온 일들을 직접 겪어 보면서 진심으로 중요하다고 깨달은 것을 설명하고 있다.

나는 20~30대에 가화만사성이라는 글의 참뜻을 깨닫지 못하고 아내와의 기 싸움에 빠져서 자존심을 걸고 싸우며 살았다. 그 결과 가정은 편안하지 못하고, 가족 간에도 신뢰가 무너지고, 정신적으로 마음이 항상 불편하여 모든 일이 잘 풀리지 않는다는 것을 직접 경험하면서 알게 되었다. "있을 때 잘해라."는 유행가의 가사가 생각이 난다. 우리가 항상 옆에 있을 때는 그것의 중요성과 소중함을 알아보지 못한다고 한다. 그것을 잃어보고 나서야 비로소 중요성을 알아차리는 것이다. 젊어서는 그 뜻을 마음속으로 깊게 알아차리지 못하고 살았으며, 잃어본 후에야 그것을 깨닫게 된 것 같다.

나도 인생을 살면서 가정을 이끌어 가는 것에는 크게 성공적이지 못했다는 생각이 든다. 나는 우리 집안의 장손이었으므로 나에게는 집안을 이끌고 나가야 할 책임이 주어져 있었다. 결혼 직후에 우리 집안은 서로 화목한 가정이었고, 평화롭게 시골에서 살아가고 있었다. 그러나 결혼을 하고 아내와의 불화로 서로에 대한 불신은 커졌으며, 형제간의 관계도 서먹서먹해졌다. 더구나 우리 형제들도 서로 결혼을 하게 되어 다른 식구들이 들어오고 형제들도 각자의 가정을 꾸리다 보니, 가족이 늘어나고 서로 간의 화합도 점점 어려워진다는 것을 깨닫게 되었다.

가정의 화합을 이루는 방법을 자신 있게 '이렇게 해야 한다.'고 답을 내놓을 수는 없을 것 같다. 그러나 가정의 화합이 만사형통할 수 있는 길이라는 것을 말할 수 있는 것만은 확실하다. 즉, 먼저 양보하고 모범을 보여서 상대방과의 다름을 이해해야 할 것이다. 나의 주장만을 관철시키려 해서는 안 되며, 싸우더라도 그 싸움은 더 사랑하기 위한 대화라는 것을 잊어서는 안 된다.

나는 배우자를 선택할 때 '나와 똑같은 사고방식을 가지고 있을 테니 서로 맞춰서 살면 되겠지'라고 생각했었다. 그래서 학력이나 경제력과 외모만 보고 여자를 선택하게 되었다. 그러나 내가 생각했던 것과는 많이 다르다는 것을 나중에야 알게 되었다. 생활 방식에도 차이가 많았고 가정의 가풍도 다 달랐다. 앞에서도 강조했지만 여러분은 남자나 여자나 결혼 상대를 선택할 때는 집안을 보고 선택하라는 말을 깊이 새겨듣고, 배우자를 선택할 때 가풍과 가문이 나의 수준에 맞는 사람을 신중하게 선택할 것을 권하고 싶다.

우리 집사람은 일류 고등학교를 나왔고, 교직에 있으며, 외모도 보통 이상이다. 나보다 절대 뒤진다고는 생각하지 않는다. 그러나 나와의 가풍이나 성격이 맞지 않아서 나는 젊은 시절을 힘들게 보내게 되었다. 지금 생각해보면 별것 아닌 것을 가지고 기 싸움을 벌였다는 생각도 든다.

부부란 서로 양보하고 서로에게 도움을 줄 수 있어야 한다. 그래야 부부로서 의미가 있고, 성공적인 가정을 꾸릴 수 있다. 가정이 편안하면 경쟁 사회에 나가서 능력을 발휘하여 성공의 밑거름이 되는 것은 자명하다. 무엇보다도 자녀들에게 행복하고 편안한 가정을 줄 수 있게 된다. 그러나 우리 부부는 미안하다는 말과 고맙다는 말에 인색했다. 도움을 주지 못하고 살아온 것을 알고 나니 뒤늦게야 후회가 된다. 결론적으로 나는 성취도 높은 삶을 살았다는 생각은 들지만 가정을 이루는 것에 있어서는 높은 성취도를 달성했다고는 자신 있게 말할 수 없을 것 같다.

우리가 인생을 살아가는 데 있어서 중요한 것과 소중한 것을 구분하여 살아야 한다고 설명해주고 싶다. 성공은 삶에 있어서 '가장 중요한 것'이며 반드시 이룩하여야 할 인생의 과제라고 할 수 있으나 가정은 나의 인생에 있어서 '가장 소중한 것'이다. 성공적인 삶을 위하여 전력질주하다 보면 소홀하게 되는 것이 가정이다. 그렇지만 인생에 있어서 가장 소중한 가정을 잃게 된다면 가장 중요한 성공도 함께 무너지게 된다는 것을 잊지 말아야 한다. 또한 소중한 가정이 인생에 있어서 가장 근본이 된다는 것을 잊지 말고 잘 지켜나갈 수 있도록 노력하여야 한다.

50대가 되면 자기의 얼굴에 대하여 자기가 책임을 져야 한다는 말이 있다. 여러분들도 지금 밖에 나가서 50대의 지인을 살펴보고, 그 사람의 인생사를 짚어보기 바란다. 정말로 얼굴에 그 사람의 찌든 인생사가 보인다는 것을 알게 될 것이다. 이 말도 정말로 중요한 속담이라는 생각이 든다. 주변에서 50대들의 얼굴을 보면 그 사람의 성격이나 살아온 인생사를 유추해서 알 수가 있다. 속담에 따르면 성공적이고 평안한 삶을 살아온 사람은 늙지도 않고 젊음을 유지하고 있지만 그렇지 못한 사람은 얼굴의 인상에 그 삶이 나타나게 된다.

내가 이야기하고 싶은 것은 자기의 얼굴에 대하여 자기가 책임질 수 있는 인생이 되어야 한다는 것을 인식하고, 내가 더 한 번 양보하고 이해하여 가화만사성을 이룰 때에야 비로소 내가 책임질 수 있는 성취도 높은 인생을 살아갈 수 있다는 점이다.

가정이 편안하여 가화만사성으로 인생의 기본을 이룩할 때에야 비로소 나의 성취도 높은 인생의 레시피도 만들어질 수 있다고 주장하고 싶다. **보통 사람들은 '가화만사성을 누가 모르느냐'고 말할 수도 있다. 그러나 '당신은 가화만사성을 지킬 수 있었는가?'라고 질문을 했을 때 자신 있게 대답할 수 있는 사람은 거의 없다고 볼 수 있다.** 여기서 가화만사성을 주제로 잡은 이유가 바로 이것이다. 즉, 가화만사성이 성취도 높은 성공적인 인생 레시피의 가장 기본이 되고, 자기의 얼굴에 대해서 책임질 수 있는 가장 중요하고 소중한 인생의 레시피라고 말하고 싶다.

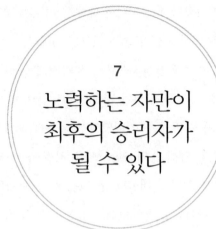

7
노력하는 자만이
최후의 승리자가
될 수 있다

인생을 성공적으로 살아가려면 열심히 노력하는 자만이 최종 승리자가 될 수 있다. 머리가 아무리 좋아도 노력하지 않으면 최종 승리자가 될 수 없다. 나의 지인 중에서 열심히 노력하여 성공적인 삶을 살고 있는 사람과 노력이 부족하여 힘들게 살아가고 있는 사람의 대조적인 사례를 들어서 설명해보겠다.

첫째, 나의 친구 중에는 가정 형편이 좋지 못해 고등학교를 입학하지 못하고 일찍 산업 현장에 뛰어들었던 친구가 있다. 공장에서 일을 하다가 검정고시로 고등학교를 졸업한 후 직업훈련원에 입학하여 기능사 2급에 합격하고, 경력을 쌓아 기능사 1급에 합격하였다. 그 친구는 후에 기사 2급 시험과 1급 시험에도 합격하였다. 그리고 회사 경력으로 다시 기술사 시험에 5년 동안 도전하여 어렵다는 품질관리기술사 시험에 합격한 친구다.

우리나라의 자격증은 하위의 자격증을 취득하고 난 후에 학력과는 관계없이 일정한 실무 경력이 있으면 상위의 기술 자격증을 시험 볼 수 있는 자격이 생기게 되어있다. 이렇게 20년이 넘게 경력으로 기능사에서 기술사 시험까지 합격한 의지의 한국인이라는 생각이 든다. 대학을 졸업한 사람도 합격하기가 어렵다는 기술사까지 합격했으니 아주 훌륭한 친구라고 할 수 있다. 친구는 행복지수도 매우 높았다. 능력을 인정받아서 회사에서도 부장으로 승진하기까지 하였다. 기술사 시험에 5년 동안 도전하여 수도 없이 실패를 맛보고도 포기하지 않고 도전하여 기술사 시험에 합격하였으니, 정말 존경할 만한 친구라고 생각한다.

둘째는 그 반대의 사례다. 그 지인은 서울대 수학과를 졸업하고 일류 대기업에 입사하였으나 회사에 적응하지 못하고 일찍 퇴사하게 되었다. 그 사람은 나이 50살이 되어서도 너무 힘들게 살아가고 있으며 그러다 보니 아내와의 관계도 그리 좋지 못한 것으로 안다. 그 사람은 현재 기본적인 생계를 꾸려가는 것도 어려워서 힘들게 살아가고 있다. 그러다 보니 가정도 편안하지 못한 것 같다.

이 두 가지의 사례를 보고 여러분도 느낀 점이 많이 있을 것이다. 끊임없이 노력하는 자가 최종의 승리자가 될 수 있다는 것을 여러분들도 깨닫게 되었으리라고 본다. 그때의 서울대 수학과를 나왔다는 것은 수재 중에서 수재라고 할 수 있는데도 그는 자신의 계발을 게을리하였다. 좋은 조건과 우수한 머리를 가지고도 성공적인 삶을 만들지 못했다는 얘기다.

연세대학교 명예교수인 96살의 김형석 교수가 시사 코너에서 하신 말씀 중에서 "인생을 살아가는 것의 의미는 성장이고, 일이 행복"이라고 하는 말씀을 들은 적이 있다. 물질적 가치보다 정신적 가치를 얻었을 때 더 행복을 느꼈으며, 사랑도 하고 싶다는 말씀을 하셨다. 나는 그분의 말씀을 듣고 우리 인생의 종착점에서의 목표는 정신적인 성장의 희망이 있어야 하고, 다음은 정신적 사랑이 있어야 살아가는 데에 의미가 있다는 것을 깨닫게 되었다. 첫 번째 사례와 같이 기능사 2급에서 기술사 자격증을 취득하기까지 얼마나 많은 희망에 부풀어서 인생을 살았겠는가? 한 단계의 자격증을 취득하면 다음 단계의 자격증을 준비하고, 이렇게 항상 희망을 가지고 살아간다는 것이 삶의 의미이고, 희망이고, 행복이라는 것을 의미한다고 말할 수 있겠다.

나의 경험으로 인생에서 가장 행복을 느끼고 살아가는 사람은 항상 희망을 가지고 성취하면서 살아가는 사람이라는 것을 알게 되었다. 돈이 많아서 행복할 것 같은 사람도 돈에 관해서는 좋지 못한 이야기를 더 많이 하게 된다는 것도 알게 되었다. 결론은 **물질적 가치보다는 열심히 노력하여 성취하고, 그로 인해 행복을 느끼는 것이 인생에서 최후의 승리자가 된다는 것이다. 그리고 머리가 좋은 사람보다는 노력을 더 많이 하는 사람이 성취도가 높은 인생을 살**

아가고 성공적인 최후의 승리자가 될 수 있다는 것을 경험의 키워드로 제시한다.

8

우물 속을
탈출하는
개구리가 되자

우리 선조들의 격언 중에는 "우물 안의 개구리"라는 말이 있다. 이 것은 일정한 범위에서 갇혀 있어서 그 밖을 볼 수가 없는 것을 뜻하 는 말이다. 즉, 우물 위는 본 적이 없으니 우물 밖에 다른 세계가 있 다는 것을 알 수가 없다는 것이다. 우리가 살아가는 데 있어서 우물 안 개구리라는 말이 주는 교훈을 세 가지의 개념으로 설명해 보겠다.

첫째는 세상이 넓다는 것을 못 보고 자기 테두리 안에서 그것이 전 부인 줄로 알고 살아간다는 말이다. 사실 나도 우물 안 개구리로 살 았던 경험이 있어서 사례를 설명해 보겠다. 나는 도시가스 전산실장 을 하면서 컴퓨터 전공자로서 진출할 수 있는 분야가 전산 분야만 있 다고 생각하고 전산실장 이외에 다른 분야가 있다는 것을 생각하지 못했었다. 그래서 인생의 희망을 버리고 낚시를 하면서 살아가려고 했던 것이다. 왜냐하면 컴퓨터 전공자인 회사원의 직책으로서는 전산실장 외에는 더 이상 진출할 수 있는 직위가 없다고 생각했기 때문이다. 보통 직장인들도 이렇게 생각하고 살고 있으리라고 생각된다. 그러나 대학에 강의를 나가게 되면서 컴퓨터 전공자로서 내가 진출할 분야가 더 많이 있다는 것을 알게 되었고, 희망을 가지고 교수가 되겠다는 생각으로 대학원에 입학하여 석·박사과정과 기술사를 공부하였다. 그렇게 두 번째의 목표였던 교수가 될 수 있었다.

교수가 되고 난 다음에도 나는 컴퓨터 전공자로서 컴퓨터학과 교수 이외에 더 좋은 직위는 없다고 생각하고 살았다. 왜냐하면 컴퓨터 전공자로서 교수보다 더 좋은 직위로 진출할 수는 없다고 생각했기 때문이었다. 그러던 중 컴퓨터학과의 구조조정으로 학교에서 퇴직하게 되었고, 국가의 공모직에 진출하려고 했다가 좌절을 맛보기도 했다. 이때 나는 정치계로까지 진출을 하고 나서 내가 또다시 우물 안 개구리가 되어 있었다는 것을 깨달았다. 왜냐하면 컴퓨터 전공자로서 컴퓨터학과의 교수 이외에도 학장이라든가 국회의원으로 진출할 수 있다는 것을 깨달았기 때문이다.

지금에 와서 생각해보면 그때의 나는 전산실장으로서 더 이상의 넓은 세계는 없다고 여기며 우물 속 개구리처럼 살았다. 그런데 우물 밖으로 나와 보니 더 넓은 세계가 있었다는 것을 알았고, 내 시야가 너무 좁았다는 것도 알게 되었다. 교훈을 통해 얻은 것은, 나의 능력으로 진출할 수 있는 분야가 무한하지만 우물 속에서 밖을 보지 못하고 마치 그것이 모든 것이라고 생각하는 과오를 범하고 살아간다는 것이다. 우리가 인생을 살아가면서 일정한 틀에 박혀 그 밖을 보지 못한다는 말은 선조들의 교훈일 것이다. 따라서 우리는 일정한 틀을 깨고 밖으로 나오기 위해 열심히 노력해야 한다.

둘째는 우리가 자기만의 틀에 박혀서 자기의 생각을 버리지 못하고 자기주장만을 내세우는 경우가 많이 있다는 것이다. 즉, 어떤 일을 자기만의 기준으로 자기의 우물을 만들어서 우물 밖을 보지 못하고 자기가 알고 있는 것이 모든 것이라고 생각하는 것이다. 다른 사람의 의견을 무시하고 다른 사람과의 대화를 하지 않는 것도 우물 속에서 밖을 보지 못하고, 마치 우물 속이 모든 것이라고 생각하며 살아가는 사람이다. 그래서 아무리 상대의 의견이 다르더라도 상대의 의견을 무시하지 말고 더 넓은 세계가 있을 수도 있다는 것을 깨달아야 하며, 상대방과의 대화로 나만의 틀을 깨고 나오려고 열심히 노력하여야 한다는 것이다.

따라서 우리의 의견과 다른 사람들과의 의견이 다를 때도 상대의 의견을 존중하여 나만의 틀을 깨고 나오려고 열심히 노력하면서 살아야 한다. 우리가 살아가다 보면 의견이 불일치하여 서로가 답답하다고만 이야기하면서 억울해하는 경우를 많이 볼 수가 있다. 그러나 이 또한 우물 속에서 밖에 있는 세상을 보지 못했으니 자기주장만을 하면서 서로가 답답하다고 말하는 꼴이다. 상대와의 대화로써 우물밖으로 나오려고 열심히 노력하여 밖으로 나와야 한다는 것을 대화와 소통의 교훈으로 말하고 싶다.

셋째는 세계는 넓고 할 일은 많다는 사실이다. 내가 중·고등학교에 다닐 때는 학교와 반의 동급생들만이 경쟁자라고 생각하고 반에서 몇 등, 학교에서 몇 등만을 의식하며 학교에 다녔다. 학교에서 상위권이니 내가 앞서가고 있다고 생각하며 열심히 살았던 것 같다. 그래서 시골 학교의 동급생들과의 경쟁에서 이겨서 몇 명밖에 입학하지 못하는 국립대학에 입학한 것에 긍지를 가지게 되었다. 그러나 대학에 입학하여 공부를 하고 보니 나보다 우수한 동급생이 너무나 많다는 것을 알게 되었다. 내가 얼마나 우물 속의 개구리였는지 깨닫게 되는 순간이었다.

열심히 공부해서 대학을 졸업한 뒤, 대학의 동급생들보다 좋은 취업 자리인 국영기업체에 입사했다는 자긍심을 가지고 회사에 입사하게 되었다. 그러나 회사에 입사하고 나니 거의 대부분이 나보다 좋은 대학 출신이라는 것을 깨닫게 되었다. 다시 한 번 내가 우물 속의 개구리였다는 것을 깨닫는 순간이었다.

그 후 나는 석·박사과정을 마쳤고, 정보처리 기술사도 취득하였다. 또다시 나보다 우수한 사람은 없다고 생각하며 살았다. 우리나라에서 몇 명 없는 자격을 보유하고 있다는 자부심도 가지고 있었다. 그러나 국회의원에 출마하여 전국 국회의원들과 지역구 위원장 모임에 참석했을 때, 나는 내가 생각을 잘못하고 있었음을 깨달았다. 그곳에서의 나는 너무나 초라하였다.

너무나 쟁쟁하고 대단한 사람들이 세상에 많다는 것을 알게 되었다. "뛰는 놈 위에 나는 놈이 있다."는 속담을 체험하는 순간이었다.

우리는 거의 대개가 우물 속의 개구리일 수밖에 없다. 5장에서도 말하겠지만, 이러한 이유 때문에 최소한 대학생 때에는 세계여행을 하라고 권하고 조언한다. 여러분이 우물 속에 갇혀서 더 넓은 세계를 보지 못하고 우물 속이 모든 것이라 생각하며 살지는 않을까 하는 이유에서다. **가보지 못한 곳에 가보고 새로운 것을 개척하여, 우물 속의 개구리에서 더 넓은 곳으로 탈출하기 위해 최선의 노력을 기울이기를 권유하고자 한다.**

II

때를 놓치면
안 되는
인생 레시피에는
무엇이 있는가?

chapter 4

톡톡 튀는 아이디어를
창조하기 위한
유년기의 레시피란?

　유년기는 성공적인 인생을 살아가기 위하여 창조적 역량인 아이디어를 계발하는 능력을 길러주는 단계라고 할 수 있다. 그러나 너무 어리기 때문에 자기가 스스로 살아가는 방법을 깨닫고 유년기를 준비하기에는 무리가 있다. 그래서 부모가 창조적인 유년기를 준비할 수 있는 역할을 해 주어야 한다.

　유년기에는 부모님과 모든 가족이 나를 보살펴주기 때문에 '온 세상이 나만을 위해서 존재하는 것인가?' 하고 의문을 품으면서 살았다. 청년기가 되면서는 그렇지 않다는 것을 스스로 깨닫기 시작하였는데, 그렇게 되기까지 상당한 시행착오를 경험했다. 따라서 이 시기에는 부모님이 자녀의 창조적인 역량을 계발하기 위하여 교육 환경을 만들어 주는 역할을 해야 하고, 창조적 역량을 기르기 위하여 잠재된 창의력을 계발해 주어야 하는 매우 중요한 시기라고 생각된다. 따라서 제4장은 30대와 40대의 부모님들이 반드시 읽어야 한다. 부모님들이 이 내용을 깨닫고 자녀가 창조적인 인간으로 육성될 수 있도록 교육 환경을 만들어주고, 역량을 기를 수 있도록 도움을 주어야 하기 때문이다.

나는 다행히 운이 좋은 편이었던 것 같다. 시골 농부의 아들로 태어나서 강, 들판, 산이 있는 좋은 환경에서 마음껏 뛰어다니며, 자연과 함께하면서 창조적인 역량을 기르며 살았다. 여기서 사례로 설명하고 있지만 이 사례는 일부이며 여기서 소개한 것 이외에도 많은 자연과 함께하는 놀이 문화를 즐기며 어린 시절을 보냈다.

농사꾼 아들에서 면 서기를 꿈으로 알고 살며, 엄청나게 내성적이었고, 학생시절에는 줄반장 한 번 못 해본 못난이였으나 그 창조성은 내가 살아가는 데 점차적으로 발현되어 갔다. 회사원 생활을 하다가 뒤늦게 기술사와 박사학위를 받게 되고, 교수와 정치인으로 변신하게 되었다. 뿐만 아니라 인생의 코칭에 대한 책을 쓴 인생사의 코칭 작가로 변신하는 용기와 도전을 결심할 수 있었다.

에디슨, 아인슈타인, 라이트 형제, 앤드류 카네기 같은 역사적인 인물들은 물론이고, 빌 게이츠와 스티브 잡스, 마크 저커버그, 래리 앨리슨과 같은 세계적인 기업을 세운 억만장자들이 모두 학교를 중퇴한 창조적인 인물들이라고 할 수 있다. 이 사람들은 학교를 중퇴하고 일찍부터 창조적 역량을 길렀으며, 창조적 사고를 통한 창의력을 발휘하여 성공할 수 있었다고 생각한다. 따라서 여기서 제시하는 창조적 역량을 기르기 위해서는 유년기에 인간의 잠재능력을 개발하고, 창조력을 계발할 수 있도록 하여야 할 것이다.

이 책에서 제시한 창조적 역량의 계발 아이템을 이용하여 주말이나 방학 때에 자녀들을 데리고 야외에 나가서 자녀들이 직접 자연을 경험할 수 있게 한다면, 자녀들의 창조적 역량의 계발에 큰 도움을 줄 수 있을 것이다. 요즘과 같이 어린이들이 컴퓨터 게임에만 열중하여 정서적으로 메말라있는 상태에서 자연과 함께할 수 있는 창조적 역량의 개발 아이템은 자녀들의 성장에 큰 도움이 될 수 있을 것이다.

타인의 도움으로 발달이 가능한, 아이들의 잠재 능력 영역인 근접 발달 영역은 어쩌면 무한한지도 모른다. 따라서 부모의 작은 관심과 도움으로 자녀의 능력을 끌어올릴 수 있다면 그보다 더 좋은 교육이 없을 것이다. 따라서 이번 장에서는 자녀들을 창조적인 인간으로 만들기 위한 교육 방법으로 나의 어린 시절을 사례로 몇 가지를 설명하려고 한다.

1
다람쥐를
생포하는
도구를 만들다

어린 시절에 어른들로부터 다람쥐는 원을 좋아하는 습성이 있어서 낚싯대로 다람쥐를 잡을 수 있다는 말을 들은 적이 있다. 그 귀엽고 예쁜 다람쥐를 잡을 수 있다면 얼마나 좋을까? 나는 너무나 설레서 다람쥐를 꼭 잡고 싶었다. 그래서 다람쥐 잡는 일을 직접 실행에 옮기기로 하였다.

우리 마을에는 전라선에 있는 전라북도와 남도를 경계로 하는 섬진강이 흐르고 있고, 그 강가에서 물놀이도 하면서 재미나게 고기를 잡기도 하고, 산에 가서 맛있는 머루와 다래도 따 먹으면서 성장하였다.

나는 다람쥐 잡는 도구를 만들어서 꼭 다람쥐를 잡아서 키우고 싶다는 생각을 했고, 어느 봄날 다람쥐 잡는 도구를 만들기로 마음을 먹었다. 그때는 대나무를 잘라서 낚싯대를 만들어야 했다. 우리 집 울타리는 대나무 울타리였으며, 우리 집 뒤편에 있는 대나무밭에 가서 대나무를 잘라서 낚싯대를 만들었다. 당시 나일론실은 나온 지가 얼마 되지 않았던 것 같다. 대나무 끝에 나일론 실로 올가미 구멍을 만들어서 직접 실행에 나섰다.

  나는 마을에서 2~3km 정도 떨어진 산으로 다람쥐를 잡으러 갔다. 다람쥐를 찾았으나 도망가다가 멈추고 도망가다가 멈추기를 반복하였다. 처음 만든 올가미를 다람쥐에게 가져다 대기도 했으나 실을 너무 길게 만들었기 때문에 바람이 불 때면 이리저리 돌아가서 다람쥐를 잡을 수가 없었다. 그래서 올가미를 대나무 끝에 바짝 붙여서 만들기로 하였고, 다람쥐를 발견한 후 다시 낚싯대를 다람쥐에게 살며시 들이대었다. 신기하게도 정말 다람쥐가 동그란 올가미에 자기 머리를 본능적으로 집어넣는 것이 아닌가? 신기하기도 하고 너무 좋아서 낚싯대를 사정없이 낚아챘다. 그런데 이게 어찌된 일인가? 낚싯대의 올가미가 조여지기 전에 너무 세게 낚아채서 다람쥐의 머리가 쏙 빠져서 도망가 버리고 말았다.

  다시 시도하기로 하고 올가미를 낚싯대의 끝에 바짝 붙여서 낚싯대를 다람쥐에게 들이대었다. 다행히 이번에도 다람쥐가 다시 올가미 속에 본능적으로 머리를 넣었으며, 이번에는 살며시 흔들어서 올가미가 조여지도록 당겼다. 이제 도망갈 수 없을 정도로 올가미가 조여들자 다람쥐가 찍찍거리며 도망가려고 하였으나 이미 때는 늦었다. 다람쥐는 필사적으로 찍찍 소리를 지르며 도망가려고 하였다. 나는 다람쥐에게 손을 물릴까 봐 옷을 벗어서 다람쥐에 물리지 않도록 다람쥐를 감싼 뒤 조심스럽게 잡고 올가미를 풀어주었다. 이렇게 해서 나는 다람쥐 잡는 방법을 스스로 깨우치고 종종 다람쥐를 잡을 수 있었다. 나는 성취감에 너무나 큰 희열을 느끼게 되었고, 그 원리를 깨달으며 도구를 만들어가는 기쁨도 느낄 수 있었다.

그 다음부터는 다람쥐를 큰 바위가 있는 쪽으로 몰아가서 낚싯대를 들이대기가 좋은 곳에서 잡는 것이 편리하다는 것도 알게 되었다. 또한 어린 새끼 다람쥐가 더 쉽게 잡히며, 집에서 기르면서 적응하는 것도 쉽다는 것을 깨닫게 되었다. 왜냐하면 어른 다람쥐는

인간을 별로 본 적이 없이 살아와서인지, 갑자기 나타난 인간이 무서워서 스트레스를 많이 받는 것 같았기 때문이다. 그러나 새끼 다람쥐는 세상을 잘 몰라서 인간을 처음 보아도 별로 무서운 줄을 모르고 세상이 보통 그런 줄로 알며 잘 적응하는 것 같았다. 호랑이도 어릴 때부터 인간이 기르면 인간이 엄마인 줄로 착각하고 살아가는 것과 같은 원리라 생각했다.

다람쥐는 먹이를 양쪽 볼에 가득하게 채우고 입에서 볍씨의 껍질을 벗기면서 껍질만 밖으로 뱉어내는 기술을 신비할 정도로 잘한다는 것도 알게 되었다. 옛날의 이야기에는 사람이 반복적인 행동을 하면 다람쥐가 쳇바퀴 돌리듯 한다는 말도 있어서 궁금해지기도 했다. 그래서 나는 정말 다람쥐가 쳇바퀴를 돌리는지 실험해 보고 싶었다. 고장 난 쳇바퀴를 구해서 돌아갈 수 있도록 상자를 만들어서 다람쥐를 상자 속에 넣어 주었다. 그러자 신비하게도 다람쥐가 쳇바퀴에 올라가서 뛰기 시작했다. 쳇바퀴가 빙글빙글 돌아가면서 다람쥐가 뛰었다. 정말 다람쥐가 쳇바퀴를 너무나 잘 돌린다는 것을 확인하는 순간이었다. 나는 이렇게 자연과 함께 아이디어를 발견하고, 연구하며 창조적인 역량을 기를 수가 있었다. 독자들도 이 방법을 이용하여 다람쥐를 잡아보고, 다람쥐가 정말 쳇바퀴를 돌리는지를 체험해보기 바란다.

어린 자녀가 있으면 주말에 자녀를 데리고 산에 가서 스스로 다람쥐의 습성을 이용하여 다람쥐를 잡아보고 길러보기를 권유한다. 직접 다람쥐의 습성을 이용하여 올가미에 자기 머리를 넣는 것을 자녀들과 함께 실험하여 보기를 바란다. 이렇게 자연의 습성을 이용한 신비로운 자연의 현상들을 자녀들과 함께 느껴보고, 이런 방법으로 직접 자연의 체험을 하도록 하여, 자녀가 창조적 역량을 길러갈 수 있도록 교육할 것을 권유한다.

이와 같이 **창조적인 아이디어를 계발하고, 연구하여 개선하고, 변형하면서 자연의 원리에 적응해가는 것이 나중에 사회에 적응해가는 원리라고 생각한다.** 이것은 복잡하고 혼란스러운 사회의 현실에서 적응하는 방법을 간접적으로 교육하는 과정이라고 생각한다. 또한 이렇게 아이디어를 계발하여 도구를 만드는 능력이 유년기에 창조적인 역량을 길러준다고 주장한다.

2
생쥐를
생포하는
쥐덫을 만들다

내가 어렸을 때, 겨울에는 참새를 잡아서 구워 먹기도 하고 쥐덫으로 쥐를 잡기도 하면서 놀았다. 참새 잡는 방법을 설명하자면 이러하다. 짚으로 만든 소쿠리를 이용하여 나무로 줄을 달아서 지지대를 만들고, 짚 소쿠리의 아래에 벼 이삭을 놓고 먹이를 주어서 참새가 소쿠리 안으로 들어오도록 유도하여 들어오면 잡아당겨서 참새를 잡기도 하였다. 나는 좀 더 개선된 방법을 이용하여 참새 잡는 법을 연구하였다. 작은 대나무 3개로 벽면을 포함한 사각형을 만들고 벼를 뜯어 먹으면 자동으로 지지대가 넘어지도록 하는 방법이 있었다. 이렇게 참새 잡는 방법을 이용하여 쥐를 잡는 쥐덫도 만들었다. 그리고 이러한 방법을 응용하여 쥐를 잡는 방법도 연구하였다.

그때는 유난히도 쥐가 많았던 것으로 기억된다. 처음에는 압사시키는 방법을 통해서 참새나 쥐를 잡았는데 그러다 보니 이것을 응용하여 생포하고 싶어졌다. 그래서 어린 마음에 쥐를 생포하여 가지고 놀고 싶은 생각에서 쥐덫을 개조하기로 하였다. 그래서 처음에는 담벼락에 말뚝을 박고, 거기에 나일론 끈으로 올가미를 만들어 놓으면 지나가다가 올가미에 걸릴 것으로 생각하였다.

첫 번째는 실패하여 잡지 못했다. 왜 실패했을까 연구해 보았다. 올가미를 보니 어떤 것은 끊어져 있었고, 없어지거나 돌아가 버리는 경우도 있었다. 가만히 생각해보니 생쥐가 올가미에 걸리면 나일론 실을 물어뜯고 도망을 가는 것이라 판단되었다. 그래서 이번에는 가는 철사로 올가미를 만들어서 끊어지지 않게 생쥐를 잡으려고 하였다. 그러나 철사도 올가미에 잡히지 않고 옆으로 돌아가 버렸다.

쥐잡기

생각 끝에 참새 덫을 만드는 방법을 응용하여 생쥐를 생포하는 쥐 덫을 만들기로 하였다. 널빤지로 상자를 만들고 위쪽에 구멍을 뚫어서 상자 속에서 먹이를 뜯어 먹다 먹이가 잡아당겨지게 되면 입구가 닫히도록 하는 참새 잡는 방법을 이용하였다. 그리고 상자 속에 벼 이삭을 달아서 뜯어 먹으면 줄이 당겨지며 문이 아래로 내려가서 입구가 닫히도록 고무줄로 만들었다. 첫 작품의 상자를 만들어서 쥐덫을 만들고, 창고에 쥐덫을 놓아서 실험을 해 보았다. 정말 잡힐까 의심스럽기도 했다.

덫을 놓고 들판에서 놀고 있는데 동생이 숨차게 달려와서 분명히 생쥐가 박스 안에 잡혀 있다고 말하는 것이었다. 놀던 일을 멈추고 달려가서 살펴보니 정말 쥐덫 상자 안에 생쥐가 잡혀 있지 않은가? 너무나 감탄스러운 순간이었다. 나는 쥐덫 상자를 가지고 논으로 가서 풀어 놓았다. 쥐가 도망가려고 야단을 치며 달렸다. 우리는 쥐를 쫓아다니며 쥐를 괴롭혔다. 논에는 쥐가 숨을 수 있는 구멍이 없었다. 왜냐하면 논에 구멍이 있으면 물이 새어 나가서 농사를 지을 수가 없기 때문에 모를 심을 때 철저하게 구멍을 막아야 했기 때문이다. 우리는 쥐가 지칠 때까지 쫓아다니며 가지고 놀았다.

다음에는 쥐가 좋아하는 고구마를 쥐덫에 달아서 유도하는 방법으로 쥐덫을 업그레이드하기도 하였다. 이렇게 생쥐를 생포하는 쥐 덫을 만들었고, 몇 년이 지난 뒤에는 내가 만든 방법으로 똑같이 만들어진 쥐덫이 시장에 나온 것을 볼 수가 있었다. 내가 만든 쥐덫과 똑같았지만 시장에 나온 쥐덫은 널빤지가 아닌 철망으로 만들어져 있었고, 내가 만든 쥐덫의 상자는 나무라는 것만 다르게 만들어졌다는 것을 알게 되었다. 이렇게 선배들이 만들고 터득한 기술을 이용하여 또 다른 도구를 만들기도 하고 응용하여 업그레이드를 시킬 줄 아는 창조적인 청소년으로 성장해 왔던 것 같다.

나는 유난히도 개구지게 어린 시절을 보냈으나 지금 생각해보면 나쁜 쪽으로 개구쟁이 일을 했다는 행동은 기억이 별로 나지 않는 것 같다. 나는 이렇게 우연히 창조적인 아이디어를 길러주는 방향으로 유년기를 보냈다는 생각이 든다. 그래서 어른이 되어서도 창조적인 아이디어의 발상으로 도전과 변신을 거듭하면서 스스로를 발전시킬 수 있는 역량이 길러졌다고 생각된다. 여러분들도 **자녀의 교육으로 이렇게 창조적인 역량을 길러줄 수 있는 놀이를 하면서 성장할 수 있는 환경을 만들어 주고, 자녀들을 훌륭한 창조적인 역량의 어린이로 성장시킬 수 있기를 바란다.**

3
봄에 자연의
생리적 습성을
이용하여
메기를 잡았다

내가 중학생 정도 되었던 때였던 것 같다. 봄비가 많이 오는 봄철에는 장마가 질 때면 깊이가 얕은 논에 물이 가득하게 들어가기도 하였다. 우리 아버지도 유난히 개구쟁이처럼 사시는 것을 좋아하시면서 살았던 분이라고 기억된다. 그래서 나도 그런 개구쟁이 같은 일을 유난히 좋아했고, 한밤중에도 잠을 자지 않고 고기를 잡으러 가기도 하는 일을 좋아했던 것 같다.

어느 날 아버지가 메기를 잡으러 가신다고 하셨다. 나도 따라가고 싶다고 졸라대서 결국 같이 메기를 잡으러 따라가게 되었다. 아버지께서는 한밤중에 나를 데리고 여기저기 개울과 도랑을 돌아다니다가 어떤 논에서 멈추시더니 무슨 소리가 나는지 조용히 들어보라고 하셨다. 조용히 들어보니 메기가 논에서 찰랑대는 소리가 들리는 것이었다. 조용히 귀를 기울이고 들어보니 논의 가장자리에서 찰랑거리는 소리를 들을 수가 있었다. 아버지께서는 이 논에 메기 고기가 엄청 많이 들어와 있어서 여기서 오늘은 메기를 잡아야 한다고 하셨다.

아버지와 나는 조용히 논 아래쪽으로 내려가서 물이 빠져서 내려가는 곳에서 메기를 잡을 수 있는 장소를 물색했다. 논 아래쪽으로 물이 흘러서 내려가는 출구 쪽에서 적당히 자리를 잡고 쪽대를 대놓고 고기를 잡기로 했다. 쪽대는 그물망으로 되어있고 그물망 양쪽에 대나무로 지지대를 붙여서 두 손으로 움직이면서 고기를 잡는 도구이다.

메기는 봄에 알을 낳기 위해서 얕은 개울이나 논으로 들어오는데, 암컷이 먼저 논에 알을 낳으면 수컷은 정액을 수정시키기 위하여 방정을 한다. 알을 낳고 방정하기 위해 물가에서 찰랑대는 것을, 아버지께서는 알고 계셨던 것이다. 날이 새기 전에는 다시 강으로 내려간다는 것까지도 다 알고 계셨다. 그 이후부터는 봄이 되고 비가 내릴 때면 돌아다니면서 메기가 있는 곳을 이렇게 알아낼 수가 있었다.

그날 우리는 논의 출구에서 쪽대를 대고 많은 고기를 잡을 수 있었다. 그러나 고기가 쪽대로 들어오는 것을 알아차리기는 쉽지 않았다. 그래서 메기를 잡기 위하여 빠른 물살이 있는 급경사에서 그물망에 무릎을 대고 있으면 메기가 와서 무릎의 그물망에 부딪친다는 것을 쉽게 알게 되었다. 그날 우리는 메기를 비료 포대로 한 포대를 잡았던 기억이 난다. 그 다음날에는 우리 이웃들에게 골고루 메기를 나눠주었으며 우리는 몇 주 동안 메기탕을 먹을 수 있는 행운을 맞게 되었다. 그 뒤로부터는 이렇게 메기의 생리를 이용하여 봄이 되면 메기를 잡게 되었고, 어떤 때는 잉어가 작은 도랑으로 올라와서 잉어를 잡는 경우도 있었다. 도랑 아래에서 출구를 쪽대로 막아놓고 대낮이 될 때까지 기다려서 잉어를 잡기도 하였다. 직장 생활을 은퇴하고 고향으로 내려가게 된다면 다시 한 번 마을 도랑에서 메기나 잉어를 잡아보는 흥미로운 일을 즐겨보고 싶은 생각이 든다.

이렇게 자연의 생리를 이용하는 것은 우리의 삶에서 매우 중요한 지혜로운 일이라는 생각이 든다. **자연의 생리를 이용하여 지혜로운 삶의 방법을 개발하고 이용하는 것이 창조적인 인생의 방법론이 될 수 있다는 것을 사례로 설명하고 있는 것이다.** 이것은 가까이에 섬진강이 있는 우리 마을의 시골에서만 경험할 수 있는 자연과의 체험이며, 자연의 생리를 이용하여 자연의 원리를 알아가고 그것을 응용할 수 있는 것이 요즘 말하는 바이오산업이라고 할 수 있을 것이다.

4

여름에
강물에서
맨손으로
은어를 잡았다

내가 살았던 섬진강에는 강물이 흐르고 백사장이 유난히도 많아서 강에서 즐길 수 있는 놀이 문화가 많았다. 여름이면 무더운 섬진강에서 하루 종일 수영을 하면서 보내기도 하였다. 어려서 그렇게 느꼈는지는 모르지만 왜 그렇게 무더웠는지 모르겠다.

너무 더워서 하루 종일 강에서 놀다가 삼투압 현상으로 손가락에 주름이 생길 정도로 하루 종일 물에서 놀았다. 물에서 놀면서 점심 때가 되면 집으로 돌아오다 보면 햇볕이 너무 뜨거워서 다시 옷에 땀이 젖어 있기도 하였다. 그럴 때면 배가 고프다는 것도 다 잊어버리고 다시 강으로 나가기가 일쑤였다. 우리는 섬진강에서 많은 고기를 잡았지만 좀 특이한 은어 잡는 법을 소개하려고 한다.

7~8월의 여름이 되면 하류에 살던 은어들이 강을 따라 상류로

거슬러 올라온다. 우리는 그때를 이용하여 은어를 잡았는데 은어는 너무 예쁜 민물고기이다. 보기에는 비늘이 없는 것처럼 맨들맨들하고 은빛으로 빛나는 깨끗한 고기가 은어다. 은어는 깨끗한 청정 지역의 강물에서만 살아가고, 초여름에는 조그마하지만 가을이 되면 20~30cm까지 커지는 물고기로 그때는 한 마리도 상당히 크다. 나는 그때 고기 잡는 일에는 흥미가 있었지만 비린내 때문에 고기를 먹지는 않았다. 강에서 은어를 잡아오면 할아버지께서 회를 쳐서 맛있게 드시는 것을 보기만 했던 기억이 난다.

어린 우리가 은어를 잡는 방법은 맨손으로 잡는 것이다. 어른들은 여울에서 은어 낚시를 한다. 낚시에 유도하는 미끼 은어를 붙여서 은어를 낚는다. 물살이 센 여울에서 벌레를 잡아먹기 위하여 몰려들기 때문이다. 미끼 은어가 있으면 그 옆으로 모여드는 습성을 이용하여, 미끼 은어 주변에 낚시를 달아놓아서 당겼다 풀어 줬다 하면서 낚시에 걸리도록 하여 잡는다. 낚시에 걸려오는 것은 입으로 물어서 잡히는 것이 아니고 낚시가 몸의 주변에 걸려서 잡혀 올라오는 것이다.

우리는 수영을 하다가 은어가 강물을 따라서 올라올 때면 은어를 잡았는데, 은어가 떼로 뭉쳐서 강을 거슬러 올라가기 때문에 우리는 얕은 물이 흐르는 곳에서 은어를 잡았다. 은어는 물 깊이가 깊지 않고 물살도 빠르지 않은 곳으로 떼로 뭉쳐서 올라가는 습성이 있다. 그래서 얕은 곳의 아래쪽에서 보면 은어가 떼로 뭉쳐서 물살을 일으키며 올라가는 것이 보인다. 그럴 때면 우리는 물살을 일으키며 올라가는 은어가 있는 쪽으로 달리고 쫓아가서 은어를 잡았다. 은어는 굉장히 빠른 순발력 있는 물고기지만 지구력이 강하지 못한 약점이 있는 물고기이다. 그래서 맨손으로 잡을 수 있었던 것인데, 물이 얕은 강물의 모래사장에서는 사람이 고기보다 빠르게 물 위를 뛸 수 있었기 때문에 가능했다. 그래서 은어 떼를 만나면 그중에서 딱 한 마리를 선택해서 쫓아야 한다. 그래야만 그 고기를 잡을 수가 있다.

한 마리를 선택해서 쫓으면 물속 모래사장에서 도망가던 은어가 숨을 곳이 없기 때문에 약 10~20m 정도만 쫓아가다가 발을 은어에게 들이대면 급한 은어는 발바닥 아래로 기어들어 오게 된다. 그때 손으로 은어를 잡으면 된다. 한 무리가 강물을 거슬러 올라가는 은어를 쫓다보면 잡는 속도가 빠를 때는 한 마리를 잡고 나서, 다시 도망 다니는 은어를 한 마리 더 덤으로 잡는 경우도 있다. 그리고 아주 더운 여름날에는 섬진강 물이 따뜻하게 데워지는 경우도 있다. 그럴 때면 은어들도 힘들어서 도망을 잘 못 다니는 뜨거운 날이 있기도 했다.

그럴 때면 나는 은어를 잡는 법을 새로 개발할 수 있었다. 우리 마을 앞에 있는 강가에는 시원한 지하수가 솟아오르는 곳이 있다. 나는 무더위에 섬진강물이 따뜻하게 데워지는 날에는 은어가 그쪽으로 모여들게 된다는 것을 알게 되었다. 너무 더운 날에는 시원한 찬물이 나오는 곳에 가면 은어들이 모여드는데, 거기에 앉아 있으면 은어들이 몸 근처로 숨어든다. 우리는 그때를 이용하여 손으로 은어를 잡았다.

이 책을 보는 독자들은 믿을 수가 없다고 말할지도 모른다. 왜냐하면 도시에서 동료들에게 그 이야기를 하면 맨손으로 어떻게 고기를 잡느냐고 말도 안 되는 소리라고 말하기가 일쑤였기 때문이다. 그러나 어린 시절에 은어를 그렇게 잡으면서 자연을 이용했고, 자연의 습성을 이용하는 방법을 습득하면서 어린 시절을 보낼 수가 있었다. 나는 이런 자연의 현상들을 발견하고 이용하는 것이 과학이 된다는 것을 알면서 적응하며 살아왔다.

즉, 창조는 상식적으로 믿을 수 없는 사고에서 나올 수 있고, 이러한 사고에서 더 좋은 창조적인 아이디어가 나올 수 있다는 것을 말하고 싶다. 내가 정치인이 될 수 있다고 생각을 하게 된 것, 이공계 출신으로서 이러한 인문 서적을 편집할 생각을 하게 된 것, 이렇게 황당하고 과감한 변신을 생각하고, 이러한 사고를 가지게 된 것도 나의 이러한 다양한 발상의 경험에서 나온 것이라는 생각도 든다. **창조적 발상과 아이디어는 일반적으로 생각하기 어려운 것에서 나오고 보통 사람이 생각할 수 없는 것에서 나온다는 것을 의미하며, 그래서 창조적 발상이라고 할 수 있는 것이다.**

5

가을에 섬진강에서 더 많은 민물 게를 잡는 도구를 만들다

내가 초·중학생 정도 됐을 때인 것 같다. 우리 마을에 흐르는 전라남북도의 경계를 나타내는 섬진강은 강폭이 약 500m 정도가 되는 넓은 대형 하천이다. 그때는 전쟁 직후여서 그런지 산이 황폐하여 민둥산이 많았다. 박정희 대통령은 경제 개발 계획에 따라서 대단위 사방 사업을 통하여 나무 심기를 하였는데, 농한기인 겨울에는 온 마을 사람들이 도시락을 싸서 산으로 사방 사업을 하러 가기도 하였다.

6월의 장마철이 되면 섬진강은 황토 빛으로 물든 강물이 무섭게 흐르고, 어떤 때는 돼지가 강물에 떠내려오는 경우도 있었다. 그래서 홍수 철이면 매년 강을 깨끗하게 청소하는 역할도 하였던 것 같다. 그리고 이 홍수 때에 많은 모래가 강물에 떠내려와서 강바닥에 쌓이기 때문에, 섬진강은 대부분이 깨끗한 모래사장으로 되어 있어서 강에서 수영을 하거나 고기를 잡으며 놀기가 매우 좋았다. 여름에는 남원 시내에서 오는 아줌마들이 모래찜질을 하기 위하여 모래가 쌓여있는 곳으로 주말이면 모여들어 인산인해를 이루곤 하였다. 또한 우리는 강에서 목욕을 즐기기 위하여 하루 종일 수영을 하며 놀기도 하였고, 재첩도 잡고, 모래에 숨어서 사는 모래무지가 있는데 수영을 하다 보면 모래무지가 발바닥에 밟혀서 고기를 잡기도 하였다. 수영을 하다 보면 때로는 자라가 강물의 모래 속에서 발에 밟혀서 나오기도 하였다. 이렇게 강에서 하는 놀이 문화가 많았다. 여기서는 민물 게(참게)를 잡는 방법과 많은 양의 민물 게를 잡기 위하여 기술을 업그레이드 시키는 과정을 설명하고자 한다.

민물 게는 항상 가을이면 잡을 수가 있었다. 왜냐하면 민물 게는 항상 가을에 바다로 이동하여 바다에서 알을 낳고, 봄에는 다시 바다 깊은 곳에서 강을 거슬러 올라가면서 이동하여 살아간다. 그래서 매년 가을이면 민물 게의 대이동이 일어난다. 우리는 이 습성을 이용하여 민물 게를 대량으로 잡기도 하였다. 섬진강은 물이 돌아서 내려가는 부분은 너무 깊기도 하였지만 일반적으로 물이 흐르는 부분은 무릎 정도로 그리 깊지 않게 흐르고 있었다.

민물 게의 특성은 가을에만 강물 아래쪽으로 이동한다는 것인데, 가장 많이 내려가는 날은 첫서리가 내리는 날이었다. 그날은 민물 게를 백여 마리씩 잡을 수가 있었다. 이 게를 잡는 도구는 새끼줄에 수수를 달아서 강물을 가로질러 바닥에 나무 지지대로 고정시켜 놓는다. 그러면 참게들은 강물 깊은 곳으로 대이동 하는 기간에 그 수수 알을 따먹기 위하여 가던 길을 멈추고, 수수 알을 강바닥에서 따먹게 된다.

그러면 우리는 횃불을 잡고 일정 간격으로 왔다 갔다 하면서 민물 게를 잡는 일을 한다. 모래 바닥의 강물이므로 게는 사람을 발견하고도 도망가서 숨을 곳이 없다. 그래서 우리는 수수 알을 따먹고 있는 참게를 그냥 강물에서 손으로 잡기만 하면 된다. 그때는 횃불을 들고 다니면서 게줄에 붙어있는 참게를 잡았는데, 솜으로 만든 횃불을 경운기에서 나오는 폐유에 묻혀서 밝은 불을 이용했다. 참게는 가을에 속 알이 가득 차있어서 그 맛은 형언하기 힘들 정도로 시원하고 맛이 좋다. 우리는 그 게를 잡아서 국을 끓여서 먹기도 하고, 남은 민물 게는 게장을 담아 두었다가 겨울에 꺼내서 끓여서 먹기도 하였던 기억이 난다.

나는 이 게를 더 많이 잡기 위하여 여러 가지로 노력을 하며 게줄을 업그레이드했다. 수수를 달아둔 새끼줄에 개구리를 달아두어서 고기가 썩는 냄새를 맡게 해 참게가 더 많이 잡히도록 아이디어를 발휘했다. 또한 물살이 세게 흐르는 곳의 여울 바로 위쪽에다 게줄을 쳐놓아 두어서 일반적인 곳보다 내려가던 민물 게들이 더 많이 잡히도록 하였다. 물살이 센 급경사가 있는 곳은 물이 흐르는 소리가 요란스럽게 나기 때문에 폭포 가까이에 오면 민물 게들도 강바닥에 붙어서 조심스럽게 강물을 따라 내려가므로 더 많은 민물 게가 수수 줄에 붙어서 수수 알을 따먹게 되어 있다.

우리 고향은 이렇게 산, 들판, 강이 어우러져 있어서 나는 운 좋게도 유난히 많은 놀이 문화를 경험할 수 있었다. 특히 짓궂고 장난스러운 일들을 좋아해서 자연과 함께하는 창조적인 역량을 키우면서 자랐던 것 같다. 지금에 와서는 이 어린 시절의 향수에 자주 젖어 들기도 하며, 직장을 은퇴하고는 고향에 가서 이러한 자연을 다시 한 번 마음껏 즐겨보고 싶다는 생각을 한다. 이와 같이 자연을 이용하여 창조적 역량을 개발하게 된 것이 나에게는 너무나 행운이었다. 그리고 항상 자연과 함께하는 창의적 아이디어를 계발하고, 단계적으로 업그레이드 시켜 효율적인 도구를 만들어 가는 습관을 길렀다. 그러다 보니 인생을 살아가는 데에 있어서도 도전적이고 변신하는 데 익숙해져 있는 것 같다. 또한 이렇게 **게를 잡는 도구를 만들고 개선하는 과정에서 새로운 아이디어를 계발하고, 새로운 개선을 위한 유용한 정보를 캐치하는 능력도 길러졌다**는 생각이 든다.

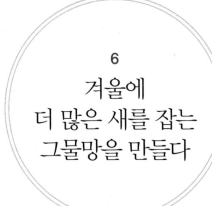

6

겨울에
더 많은 새를 잡는
그물망을 만들다

우리가 어렸을 때는 유난히도 참새구이가 유행했다. 우리는 가정이 넉넉하지 못해서 겨울철 농한기에 참새를 잡아서 살림 비용을 벌어야 했다. 그때의 겨울철에는 아무런 소일거리도 없어서 마을 어른들도 삼삼오오 모여서 소위 화투놀이를 하기 일쑤였다. 누구네 아버지는 화투놀이를 해서 쌀 몇 가마를 잃었다는 소문을 듣기도 하였다. 유난히 가난했던 우리 아버지는 겨울에도 새 그물망으로 멧새를 잡아서 남원읍내에 있는 시장의 포장마차에 팔아 살림 비용을 보태곤 하였다. 사실 내가 어릴 때에는 남원읍내에 가면 포장마차가 많았고, 그 포장마차에서 참새구이를 구워서 파는 곳이 대부분이었다.

그러나 사실은 그곳에서 팔고 있었던 참새는 참새가 아니고 산에서 내려온 멧새였다. 멧새보다는 참새구이가 더 맛있지만 참새는 머리가 좋아서 몇 마리 잡히면 그 자리에 다시 날아오지 않기 때문에 많이 잡기가 어렵다. 그리고 참새는 그물망에 몇 마리가 걸리면 참새들이 왔다가도 금방 날아서 도망가 버린다. 그러나 멧새는 좀 둔해서 그물망에 몇 마리가 걸려있어도 도망가지 않고 모여든다. 때문에 이를 이용하여 멧새를 잡아서 조그만 새 통에 넣어두고 다른 멧새들을 불러 모으게 하는 포획법을 곧잘 쓰기도 한다.

즉, 풀 무더기 속에 새를 불러 모으는 새들을 숨겨두고, 들판에 남아있는 곡식을 먹기 위해서 산속에서 들판으로 내려오는 새를 불러 모으게 하는 요령이다. 겨울에는 산에 먹이가 없어서 멧새들이 산에서 들판으로 내려온다는 습성을 이용한 수법이다.

예전에는 마을마다 신앙처럼 모시는 느티나무가 있었다. 새마을 운동을 하면서 베어지거나 죽어 없어지기도 했지만, 지금도 시골 마을에는 어마어마하게 큰 당산나무라는 느티나무가 한두 그루는 있다. 우리는 그 당산나무 근처에 숲을 만들어두고 볏짚으로 먹이가 많아 보이게 만들어서 새들이 날아오게 유도하였다.

새를 불러 모으는 새들을 풀 무더기 속에 숨겨두는 방법으로 새를 모아서 잡는데, 보통 20~30마리 정도의 부름 새를 숨겨두고 있었으며 부름 새는 주로 멧새를 넣어두었으며, 방울새도 3~4마리 넣어둔다. 그 다음 호조리라는 새도 3~4마리 넣어서 자기 동종의 새가 들판으로 먹이를 찾아서 내려오면 울어대게 하여 근처의 당산나무에 내려앉게 만들고, 그 다음에는 만들어둔 숲으로 날아와서 그물망에 걸리게 되는 것이다. 숲은 보통 4~5줄 정도를 만들고 줄과 줄 사이에 그물망을 쳐 놓아서 새들이 먹이를 찾아 날아다니다가 그물망에 걸리게 된다. 제일 앞쪽에는 그물망을 쳐 놓지 않는다. 왜냐하면 나무 위에서 그물망에 걸려있는 새를 보게 되면 새들이 두려워서 숲으로 내려오지 않기 때문이다.

새들이 많이 잡히는 시간대는 새벽인데 밤새 산속 숲속에서 잠을 자고 소화가 다 된 새들이 배가 고파서 먹이를 구하려고 먼동이 트는 새벽에 들판으로 날아오기 때문이다. 그래서 먼동이 트기 전에 부름 새들에게 전날 먹이를 주고, 다음날 캄캄한 새벽에 날아오는 새들보다 먼저 일어나서 숲속에 부름 새들을 숨겨두고, 이미 만들어 둔 숲 사이에 그물망을 쳐 놓고 매일 새를 잡는 것이다.

그런데 겨울에는 눈이 며칠씩 내리는 때가 있다. 그때는 깊은 산속에 있던 새들이 먹이를 구할 수가 없으니 수천 마리가 들판으로 내려와서 들판의 보리밭을 낮게 기어 다니고 날아다니며 먹이를 쪼아 먹는다. 그리고 날아다니고 뛰기도 하면서 떼로 먹이를 찾아서 이동하며 움직인다. 원래 그물망은 3단이나 4단으로 높이는 약 2~2.5m이고, 넓이는 5m 정도의 길이로 되어 있다. 그럴 때면 새 그물망을 들판에 쳐놓고 그물망이 있는 곳으로 새들을 몰아간다. 그러나 몰아가다보면 2-3m 높이의 너무 높은 그물망이 앞을 가로막고 있어서 떼로 움직이며 다니던 새들이 일부는 새망에 걸리고 일부는 대열이 흩어져 버리며, 새 떼가 높이 날아가 버리는 경우가 발생한다. 그래서 나는 새 떼가 날아가지 않고 많이 잡을 수 있는 방법을 시험 삼아 연구한 것이 있다.

새 그물망을 1단(약 50cm)으로 낮게 잘라서 만들었다. 논바닥에 1단짜리 새 그물망을 쳐서 새를 몰아 보니, 이동하던 새들이 일부는 위로도 넘어가고 일부는 1단의 그물망에 걸려들었다. 그러다 보니 새 떼의 대열이 흩어지지 않고 유지되면서 이리저리 움직이게 되었다. 그리고 1단으로 되어 있으니 새가 그물망에 걸려 있어도 땅에서 뛰고 있는 것으로 보였다. 3단 그물망은 너무 높아서 넘을 수가 없었지만 1단짜리는 가볍게 날아서 넘어갈 수가 있었던 것이다. 그래서 우리는 수백 마리의 멧새를 한 번에 잡을 수가 있었다. 그 다음부

터는 매년 눈이 많이 내릴 때면 1단짜리 새 그물망을 만들어서 수백 마리씩 멧새를 잡을 수가 있었고, 큰 수익을 낼 수가 있었다.

　　초등학생 시절에 이렇게 창조적인 아이디어를 계발하면서 성장하다보니 어른이 되어서도 항상 아이디어를 계발할 수 있는 역량이 길러졌다는 생각이 든다. 그리고 이러한 도구를 만드는 연구를 하고, 잘못되면 문제점을 찾아서 개선하는 방법으로 적용해 가는 도구를 만들면서 창조적인 아이디어를 계발하는 방법이 발달하게 된다고 믿는다. 지금은 아이들이 자연과 함께할 수 있는 도구를 만드는 일과 같은 이러한 놀이 문화를 할 수 있도록 하는 여건을 만들어 주기는 어렵다고 생각한다. 그래서 실내에서도 창조적인 도구를 만들고 놀 수 있도록 환경을 만들어 주고 창조적인 아이디어 계발 교육을 할 것을 권고한다. 학습 도구를 가지고 집안에서 즐기는 습관은 어린이들이 금방 지치고 싫어할 것이다. 따라서 여기서 기술한 놀이 문화를 직접 해보기 위하여 자녀들을 데리고 주말이나 방학 때에 야외로 나가서 직접 실험을 해보는 것도 좋을 듯하다. 참고로 지금도 총포상에 가면 새 그물망을 판매하고 있으므로 산에 가서 몇 마리 잡아보고 집에 와서 길러 보는 것도 좋지 않을까 싶다.

7
공격용
방패연을 만들다

우리가 어릴 때에는 스케이트 타기, 연날리기가 유행했다. 전쟁 직후여서인지 칼싸움이나 전쟁놀이 등의 놀이 문화도 성행하였다. 겨울이면 북쪽에서 불어오는 바람을 이용하여 따뜻한 햇볕의 양지 바른 담벼락에서 연날리기를 하는 것이 흔한 놀이였다. 누구의 연이 더 높이 날아오르는지 친구들과 경쟁하면서, 누구나 1개 정도는 아버지를 졸라서 연을 만들기도 하고 큰 아이들은 직접 연을 만들어 띄우곤 하였다.

우리 고향에는 우리 마을과 뒷마을의 거리가 약 200m 정도의 거리로, 마을 앞 양지 바른 곳에서 연을 날리곤 하였다. 우리 마을 1km 앞에는 멋지고 아름다운 섬진강이 흐르고 있었다. 마을 바로 앞에는 논과 밭이 있어서 겨울에는 농사를 짓지 않았고, 일부는 마른 땅이나 보리밭의 논이 되어 있었다. 그래서 그 마을 앞에 있는 논과 밭은 어린이들의 놀이터가 되기도 하였다.

어느 날 여느 때처럼 열심히 연날리기를 하고 있었다. 뒷마을 연이 너무 높이 날아서 우리 마을 앞까지 날려 왔었는데, 높이 날아오는 연이 부럽기도 하고 질투도 생겼다. 그러다가 갑자기 돌풍이 불기라도 할 경우에는 빙글빙글 돌면서 내려오다 다시 올라가기도 하였다. 어떤 때는 뒷마을 연이 우리 마을까지 날아와서는 땅으로 떨어지기도 하였다. 그러다 보니 재미있는 생각이 떠올랐다. 뒷마을에서 날아오는 연이 가끔씩은 저공비행을 하는 경우가 있는데 일부러 뒷마을 연을 걸어서 연줄을 감는 것이었다. 열심히 연줄을 감아서 땅까지 내려오면 뒷마을 애들의 연을 잡아들고 마을 속 깊은 골목으로 달려서 도망갔다. 뒷마을 애들이 연실을 보고 우리를 찾아와서 달라고 울면서 사정을 하면 돌려주며 재미나게 놀았다.

그 후에는 일부러 뒷마을 연을 걸어서 잡아당기고 연줄을 감아서 당기는 재미난 놀이가 생각이 났다. 그래서 일부러 꼬리 연을 크게 만들어서 뒷마을에서 띄우는 연을 고의로 감아 당겨서 놀리려고 마음을 먹었다. 이순신 장군이 일본군과 싸움을 할 때 무게 중심을 이용하여 기동력은 있지만 작은 일본 배를 받아넘겨서 이길 수 있었던 것과 같이 전략을 이용하여 전쟁에서 이기는 것이다. 우리도 이렇게 꼬리 연을 크게 만들어서 연이 급경사로 날아오르게 하는 전략을 세웠다. 그래서 정사각형의 큰 꼬리가 달린 방패연을 날려서 일부러 뒷마을 연에 걸고, 연실을 감아서 땅으로 내려오도록 유도

하였다. 그리고 뒷마을 연을 걸어서 잡아채고 실을 감아서 마을 깊은 골목길로 도망을 갔다. 그 다음은 떨어진 연줄을 잡아당겼다. 뒷마을 애들이 찾아와서 울면서 연을 달라고 사정하면, 연실을 떼고 연만 돌려주곤 하였다. 그 애들은 연만 돌려주는 것도 감사하게 여기고 돌아갔다. 떼어낸 연줄은 내 연줄에 감아서 연줄을 더 많이 감아두고 좋아했던 기억이 난다.

이러한 **놀이 문화에서 창조적인 아이디어를 만들고, 즐겁게 창조적인 아이디어를 창출할 역량을 길렀다.** 그때는 창조적인 역량을 기른다고는 생각하지 않고 살았지만, 지금에 와서 생각해보면 운 좋게도 그렇게 창조적인 역량을 길러주는 자연 원리의 교육을 받으면서 성장하게 되었다는 생각이 든다.

chapter 5

하늘을 찌르는 기상으로
성장하기 위한
청년기 레시피란?

　청년기는 우리가 살아가는 데에 있어서 성숙의 절정기라 할 수 있다. 가장 혈기가 왕성하고 가장 중요한 시기이다. 따라서 가정도 꾸리고, 새 직장도 가지게 되며, 자기의 사회적 레벨도 어느 대학, 어느 직장으로 가느냐에 따라서 결정되고, 자녀의 교육도 맡아야 하는 중요한 시기인 것이다. 그래서 어쩌면 가장 어깨가 무겁고, 시행착오도 많이 겪어야 하는 험난한 경험을 하게 되는 시기이다.

　즉, 여러분들이 직장의 중심축으로서, 사회의 중심축으로서, 그리고 한 가정의 아버지와 어머니로서 모든 것을 책임지는 막중한 임무를 수행해야 한다. 이렇게 많은 것을 책임지고 모든 일을 성공적으로 수행하기는 어쩌면 너무나 어렵다고 할 수 있겠다. 그러나 이렇게 챙겨야 하는 많은 일들 중에서 혹시 간과하는 일이 발생할 수도 있다. 그래서 본 장에서는 분야별로 청년기에 중요한 이슈가 되는 내용을 뽑아서 설명하려고 한다.

여러분들이 이 모든 부분을 성공적으로 당당하게 수행해 나갈 수 있도록 가장 중요하다고 생각되는 청년기의 유념 사항을 키워드로 뽑았다. 흔히 인생 선배들이 하는 말씀이 있다. 무슨 일이든 적절한 때가 있다고 말하는 것을 많이 들어왔을 것이다. 그래서 청년기에 적절한 때를 놓치면 아무리 하고 싶어도 돌이킬 수 없는 레시피를 위주로 기술하고자 한다. 여러분들도 인생에서 단 한 번만 오는 때를 놓치고 나중에 아쉬워하는 일이 발생하지 않도록 열심히 살아가기를 바라고, 청년기에 이루어야 할 때를 놓치지 않도록 유념해야 할 중요한 레시피를 적어 보겠다.

1
배우자의
올바른 선택이
인생을 좌우한다

　청년기에는 배우자를 선택하게 된다. 인생을 살아가는 데 있어서 배우자의 올바른 선택이 매우 중요하다. 남녀 모두 배우자로 어떤 사람을 만나느냐에 따라서 미래의 인생을 개척해 나가는 데에 성패는 아니더라도 성공적이고 안정적으로 인생을 살아가는 데에 큰 영향을 미칠 수가 있기 때문이다.

　부부지간에 내조 혹은 외조를 어떻게 받느냐에 따라서 자기의 인생을 안정적으로 개척하고, 성공적으로 적응해 나가는 데 큰 영향을 받게 된다. 즉, 안정적인 가정이 성립되었을 때 자신의 미래를 개척하고 세파와 싸워가면서 자기 능력을 최대한 발휘할 수 있는 바탕이 마련된다. 이번 절에서는 여러분의 배우자를 선택하는 방법에 대하여 코칭 하고자 한다. 남자나 여자나 좋은 배우자를 선택하여 배우자가 훌륭하게 나를 도와줄 수 있기를 바라기 마련이다. 그러면 배우자는 어떤 사람이어야 할 것인가에 대하여 살펴보겠다.

첫째, 성격이 온순하고 도량이 넓은 착한 사람이 배우자가 되기를 원할 것이다. 그래야 가정이 평온하고 안정적인 품 안이 될 수 있기 때문이다.

둘째, 인생의 삶에 대하여 EQ가 예리하면서도 판단력이 탁월한 사람이어야 한다. 즉, 똑똑하고 지혜로운 사람이라고 말할 수 있을 것이다.

셋째, 경제도 살아가는 데 매우 중요하므로 경제력에 여유가 있는 배우자이면 더 좋을 것이다. 가정의 불화가 대부분 경제적 이유에서 발생하기 때문이다.

넷째, 사회생활에 필요한 대인 관계도 원만한 성격으로 다른 사람들과 원만한 관계를 가지고 생활할 수 있는 사람이어야 한다. 사람이 함께 어우러져서 살아야 하기 때문에 인간관계는 중요하다.

다섯째, 배우자의 집안도 매우 중요하다. 좋은 집안이면 살아가는 데 인품이나 인맥에서도 도움이 될 수도 있기 때문이다. 왜냐하면 인간의 DNA는 반드시 존재하기 때문이다.

여섯째, 배우자의 건강도 매우 중요하다. 건강은 안정적으로 살아가는 데 기본이기 때문이다. 자녀들도 건강하게 태어나야 건강한 사람으로 성장할 수 있다.

일곱째, 외모도 사회 활동에 영향을 미치기 때문에 중요하다. 미인은 아니더라도, 대인 관계에서 첫인상은 매우 중요하기 때문이다.

여덟째, 기본적인 도덕성도 매우 중요하다. 집안의 가문에 따라서 도덕성의 기준은 차이가 크고, 요즘은 가정의 불화로 범죄도 발생하고 가족 간에 재판을 벌이는 경우도 많기 때문이다.

아홉째, 가족과의 융화도 매우 중요하다. 가족 간의 관계성은 집안의 안정에 영향을 미치기 때문이다. 즉, 행복한 가정을 이루기 위해서는 우리 형제와 친족들과도 원만하게 융화를 이뤄야 한다.

이와 같이 많은 요건이 중요하지만 가장 중요한 것은 나와 동반자로서의 성격이 맞아야 한다는 점이다. 가정을 안정적으로 이루고 살아갈 수 있어야 하기에 성격은 중요한 요건이다. 연애 시절에는 포악한 성격이나 도덕성은 외부적으로 명확하게 나타나지 않기 때문에 더욱 중요하다고 할 수 있다. 외부적으로 나타나는 조건은 자기가 판단해서 결정하기 때문에 큰 문제가 발생하지 않을 수 있다. 그러나 내부적인 인성은 알아보기가 힘들다. 그래서 나의 경험으로 가장 잘 알아볼 수 있는 방법을 여러분에게 코칭 하고자 한다.

젊은 시절에는 외향적인 면에 너무 편중되어 배우자를 선택하게 되면 잘못된 판단을 하기가 쉽다. 그래서 쉽게 알아볼 수 있는 방법을 소개하고자 한다.

첫째, 배우자의 양친이 사회적으로 어떻게 평가되고 있는지를 알아봐야 한다. 어른들이 결혼은 집안과 집안의 결합으로 집안을 보고 해야 한다고 말하는 것도 이 때문이다.

둘째, 배우자의 형제들이 결혼 생활은 잘하고 있는지, 직장에서는 어떻게 평가받고 있는지를 살펴보아야 한다. 직장에서 원만하게 직무를 수행하고 인정을 받고 있는지도 중요하다.

셋째, 배우자 집안이 화목하고 원만한 가정을 이루고 살고 있는지를 살펴보아야 한다. 가정의 화합이 가장 중요하기 때문이다.

넷째, 집안이 대대로 훌륭한 인품을 이루고 성공적으로 지도력 있는 집안인지를 살펴보아야 한다. 왕대밭에서 왕대가 나오기 때문이다.

다섯째, 가장 친한 친구는 어떤 사람인지 살펴보아야 한다. 같은 성격을 공유한 사람들끼리 모이기 마련이기 때문이다.

이와 같이 집안의 부모와 형제들이 원만한지, 친교 관계는 어떤지를 종합적으로 살펴서 판단해야 하는 것이 현명한 판단에 도움을 준다. 곧 모든 인품이나 건강이 부모를 대체적으로 닮을 것이라고 생각하면 된다. 부모가 성공한 집안이면 자식도 성공하고, 부모가 건강하고 장수하면 배우자도 건강하고 장수할 가능성이 높다. 부모가 주사가 있으면 자식도 주사가 있다고 생각하면 된다. 물론 100% 맞지는 않지만 확률적으로 90% 이상은 맞을 것이라고 생각하면 된다.

나도 젊어서는 어른들의 집안을 보고 배우자를 선택해야 한다는 말이 무슨 말인지 잘 몰랐다. 그러나 지금에 와서 생각해보면 어른들의 말을 정확하게 이해하게 되었다. 여러분들도 배우자의 부모와 친구들을 보고 냉철하게 판단해서, 탁월한 배우자의 선택으로 성취도 높은 인생을 살아가기를 바란다. 나의 경험으로 사람들의 인격은 우리가 생각하고 있는 것보다는 훨씬 보통 사람들의 오차가 크다는 것을 알아야 한다. 그리고 보통 사람들은 대부분이 정상적인 사람이라고 생각하면 큰 과오를 범할 수가 있다는 것을 말하고 싶다.

우리가 사회적으로 범죄를 일으키는 사람들을 보면 보통 사람들의 생각하고 너무나 다르다. 우리의 생각으로 판단하기가 힘들 정도로 이상한 사람들이 많다는 것을 알아야 한다. 공부를 잘한다고 인격을 제대로 갖추고 있는 것도 아니므로, 생활방식이나 문화적으로 비정상적인 사람도 많다고 생각하고 살펴보아야 한다. 즉, 100% 정상적인 사람은 그리 많지 않다는 점을 유념하면 된다. 80%나 90%인 사람이 대부분이라고 생각하고 배우자를 선택하는 편이 옳다는 생각이 든다. 내가 이렇게 강조하는 이유는, 여러분이 결혼하고 난 다음에 후회를 하면 이미 때가 늦기 때문이다.

나의 주변이나 친구들을 살펴보면 너무나 이상한 생활 방식과 사고를 가지고 살아가는 사람들이 많다. 배우자를 잘못 선택하고 난 다음에 서로에게 상처가 되지 않도록 결혼하기 전에 신중을 기하여 인생에서 가장 중요한 배우자와의 행복한 가정을 만들어 가기를 바란다. 인생에서 배우자의 내·외조는 경쟁 사회에서 너무나 중요하므로 배우자를 성공적으로 선택하여 안정적인 인생을 개척해 나갈 수 있기를 바란다. 그러나 잊지 말아야 할 것은 배우자는 항상 서로를 만들어 간다는 사실이다. 가는 말이 고와야 오는 말이 곱다는 옛말처럼 자기 자신에 대한 노력도 잊지 말아야 한다는 것은 자명한 이치다.

2
미래의 꿈을
크게 가지고
도전하자

우리가 학교를 졸업하고 첫 직장에 들어가면 그 직장에서 평생을 마치고 살아가려고 하는 것이 일반적인 사람들의 꿈이라고 할 수 있다. 그래서 신입사원 시절에는 대부분이 그 직장에서 부서장급을 꿈꾸며 직장 생활을 시작한다. 그러나 그때 시점으로 살펴보면 엄청난 경쟁자들 때문에 부서장으로 가는 길도 쉽지 않을 것이며, 나도 첫 직장에서 그렇게 생각했었다는 기억이 난다. 첫 직장에서 과장까지 가는 것도 쉽지 않을 것 같은 생각이 들었었다. 동기들만 봐도 훌륭하거니와 선배들도 너무 많아서 이 많은 사람들과 경쟁하여 한 명밖에 없는 최후의 승리자가 될 수가 있을까라고 생각하면 미래가 불확실하다는 것을 느끼게 될 것이다.

그러나 나도 살아가다 보니 그렇게 어렵지만은 않다는 것을 알게 되었고, 지금에 와서 생각해보면 꿈이 너무 적었던 것 같다. 그래서 여러분들에게 코칭 하고 싶은 것은 나만의 계획을 1단계 목표, 2단계 목표, 3단계 목표로 계획을 세운 후에, 1단계를 달성하면 2단계 목표를 향해서 달리고, 2단계 목표가 달성되면 3단계 목표를 세워서 30년 후에 나의 모습을 상상해보는 것도 중요하다고 생각한다. 생각해보면 신입사원 시절부터 직장의 기관장이 되겠다고 생각하고 기관장이 되는 사람은 거의 없다. 왜냐하면 나도 내가 지금의 위치에 올 수 있을 것이라고는 꿈에도 생각하지 못하고 계획도 없이 살아왔기 때문이다.

만약 내가 이렇게 몇 단계까지 계획을 세우고 출발하였다면 더효과적이었지 않았을까 하는 생각이 든다. 컴퓨터를 전공했지만 기술고시나 변리사 또는 국회의원이 될 것을 계획하고 스스로를 준비하였다면 어떻게 되었을까? 계획적으로 추진했었다면 훨씬 안정적으로 목표치에 갈 수 있지 않았을까? 일반적으로 많은 사람이 그런 위치에 갈 수 없다고 생각하고 미리 마음부터 포기한다. 회사원이라면 이 회사 사장이 되는 것을 꿈꿔보고, 그렇지 않으면 이 전공분야의 창업으로 사장이 되는 것을 꿈꾸어 보는 것도 성공적인 인생을 살아가는 지름길이 될 수 있다.

사실 나도 60살이 다 되어가는 시점에 공단에 나가보면 이렇게 많은 회사가 있는데 나는 변변한 회사 하나도 가지고 있지 않다는 것을 생각해 보면서 자책해본 것이 한두 번이 아니다. 꿈이 커야 성취도 크다. 만일 아버지가 교사면 아들도 교사가 될 확률이 높고,

아버지가 사장이 되면 아들도 사장이 될 확률이 높은 것은 자기도 모르게 꿈이 아버지와 같은 수준이 되어야 한다고 생각하고 있기 때문이다. 그래서 우리는 더 큰 꿈을 꾸지 않고 같은 수준에 머무르게 된다. 그러나 꿈을 크게 갖고 성장하기 위하여 장기적인 프로젝트를 가지고 추진한다면 상당 부분을 이룰 수 있을 것으로 생각된다. 어차피 1차 목표가 달성되면 2차, 3차 목표를 세우고 도달하기 위하여 살아가는 것이 인생사지만 이왕이면 꿈을 크게 가지고 살아가자는 주장이다.

내가 정치 분야에 참여해보고 느낀 것은 국회의원들 대부분은 자기가 대통령이 될 수 있다는 생각을 하고 있다는 사실이다. 즉, 대다수의 국회의원들은 대통령을 목표로 한다는 현실에 주목할 필요가 있다. 그래서 국회의원의 꿈을 이루고 나면 장관을 꿈꾸고 그 후 대통령이 될 것을 꿈꾸게 되는 것은 전혀 이상할 게 없다. 이 책에서 강조하는 중요한 내용은 큰 꿈을 가지고 20대와 30대에 많은 사회 활동으로 충분한 이력을 만들어서 40~50대에 큰 도전과 변신으로 성공적인 인생을 살아가라는 주문이다.

우리 집안이나 학력을 살펴보면 결코 우수한 형편이 아니라는 것을 여러 차례 말했다. 나는 초·중학교 다닐 때 줄반장 한 번도 못해보고 학교도 좋은 학교를 졸업하지 못했다. 단지 도전 정신이 강했다는 것을 여러분에게 말하고 싶다. 그러나 과감하게 욕심을 가지고 하고자 하는 도전 정신과 변신하려는 자신감을 가지고 노력하면 성공적인 인생을 살게 된다는 점을 강조하고 싶다.

용감한 자가 미인을 가질 수 있다는 속담이 있다. 용감하게 도전하는 자가 어느 분야에서든 성공적인 인생을 살 수 있다는 얘기다. 이 책을 읽는 여러분들도 대부분은 지역이나 중·고등학교, 대학교를 보면 나보다 우수한 사람들이 훨씬 많을 것으로 생각된다. 그러나 먼저 경험한 선배로서 여러분들에게 감히 조언한다. 가장 중요한 것은 자신감이며, 다음은 과감한 도전 정신이라고 말할 수 있다.

이와 같은 자세로 나는 41살에 학생으로 돌아가서 공부를 다시 시작하였고, 회사원에서 교수로 변신하고, 다시 정치인으로 변신하였으며, 『성공적인 인생 레시피 만들기』라는 인생 코칭 책의 작가로 변신하려는 과감한 도전을 생각할 수 있었다. 그냥 이야기로만 도전 정신을 설명하면 여러분들이 의심할 여지가 있을까 봐서 항상 나의 경우를 실례로 들어서 설명하고 있다. 왜냐하면 사례를 들어서 설명을 함으로써 여러분들이 의심할 여지가 없으니, 내가 여기서 주장하는 내용을 믿고 실행에 옮기라는 의미에서다. 설령 그것이 운이 좋아서 특별한 예외의 경우가 발생하였다 하더라도 그러한 결과가 나올 수도 있기 때문에 전혀 불가능한 것은 아니라는 것을 말하고 싶다. 그러므로 여러분들도 나의 사례를 믿고 과감하게 도전하여, 성취도 높은 성공적인 사람이 많이 나올 수 있기를 기대해 본다.

나도 어려서 면 서기에 도전할 때에 우리 집안에 면 서기가 한 명도 없어서 과연 내가 공부를 열심히 한다면 면 서기가 될 수 있을까라는 불안감이 있었던 기억이 떠오른다. 그러나 뒤늦게나마 과감한 도전과 변신으로 그보다 훨씬 고위직에 오를 수 있었다. 만약 처음부터 이렇게 교육을 받고 단계적 계획을 세워서 추진했었더라면 훨씬 효과적이고, 또 더 고위직에 오를 수 있었지 않았을까 하는 생각을 해본다. 결론적으로 여러분들도 지금부터 인생의 꿈을 더 크게 세우고, 단계별로 한 단계 한 단계씩 달성해 가면 훨씬 더 큰 성취감을 느낄 수 있다고 확신한다. 이것이 인생의 목표가 되어야 하고, 희망이며 성취도 높은 행복한 인생을 살아갈 수 있을 것이라고 주장한다.

왜냐하면 인생에서 가장 행복을 느끼는 것은 희망이라고 생각하기 때문이다. 희망이 없는 인생은 삶에 대한 의미가 없는 것이나 마찬가지이고, 죽어 있는 무의미한 인생을 살아가고 있는 것이라고 생각한다. 왜냐하면 **인생은 희망이 있어야 삶의 의미가 있고, 성취를 위하여 노력함으로써 희망을 품을 수 있으며, 성취함으로써 행복감을 느끼게 되기 때문이다.** 다시 한 번 강조하지만 젊은이들이여 꿈을 크게 가져라! 그리고 도전하여 성취함으로써 성취도를 높이고, 행복한 인생을 살아갈 것을 권고한다.

3

인생에서
나보다 더 빠른
잠자고 있는 토끼를
따라잡자

　30~40대는 인생에서 자기의 능력보다 더 높은 직위에 올라갈 수 있도록 자신을 업그레이드하기 위한 가장 중요한 시기라고 주장한다. 왜냐하면 30대가 되어서 직장에 들어가면 일반적으로 보통 사람들은 그 수준에서 열심히 살아가는 모습을 보게 된다. 그래서 이번 절에서는 매우 중요한, 잠자고 있는 나보다 빠른 토끼를 따라잡아야 한다고 하는 키워드를 주제로 삼았다.

　나의 사례를 들어서 잠자는 토끼를 추월하라는 키워드를 설명하고자 한다. 나는 대학을 졸업할 시점에 일류 국영기업에 입사하였고, 나의 동창생 친구는 지방에서도 3류 대학을 졸업하여 실업자가 되었다. 그때까지만 해도 그 친구와 나는 엄청난 레벨의 차이가 있다고 생각했다. 그리고 그때는 그 친구가 절대로 영원히 나를 따라잡을 수 없을 것이라고 생각했던 기억이 난다. 내가 훨씬 앞에서 달리고 있고, 이제 나와는 사회적 레벨이 다르기 때문에 절대로 나를 따라잡을 수 없을 것이라고 생각했었다.

그 후 15년이 지나서 그 친구를 만나보니, 그 친구가 나보다 훨씬 앞에서 달리고 있다는 것을 알게 되었다. 그 친구는 자기계발을 위하여 공부를 열심히 해서 석사학위와 박사학위를 받았었고, 기업을 거쳐서 국책 대학의 교수가 되어 있었다.

그 친구의 모범 사례를 구체적으로 들어서 설명하는 것이 좋을 것 같다. 전북에서 세 번째 레벨의 3류 대학을 졸업하고, 외국어대학에서 석사학위를 하였으며, 서강대학교에서 박사학위를 마쳤고, 관련 기업을 다니다가 김대중 정부 때 IT 기관의 신설에 따른 전자상거래진흥원의 창립 멤버로 입사하였다. 그리고 인맥으로 국책 전문대학의 교수로 전직하였으며, 또 성공적인 인맥 관리로 서울권에 있는 4년제 국책 대학에 전임 교수로 근무하고 있다. 그때만 해도 대학원은 취업 못 하는 사람들이나 간다고 생각했던 시절이라고 기억이 난다. 그래서 서울에 있는 대학원을 합격하기가 쉬웠을 것으로 짐작된다.

하지만 절대로 나를 앞지르지 못하리라고 생각했던 것은 엄청난 착오였다. 그래서 나는 엄청난 충격을 받게 되었고, 그때라도 늦었지만 재충전이 필요하다는 생각을 하게 됐다. 앞에서도 이야기했지만 30대에는 모든 경쟁자들이 성장을 멈추고 더 이상의 공부하기를 포기하고 직장에만 전념하게 된다. 이런 사례를 보고 내가 잠자고 있는 사이에 그 친구는 기회를 이용하여 나를 제치고 달려가고 있었다고 말할 수 있다.

여러분에게 이 코칭은 매우 중요하고 탁월한 코칭이므로 명심해서 새겨들어야만 한다. 즉, 30~40대에는 나보다 능력 있는 탁월한 경쟁자들의 대부분이 잠자고 있다는 것을 알려주고자 하는 조언이다. 거북이가 정상적으로 경쟁을 해서는 토끼를 이길 수가 없는 게임이라는 것은 당연한 이치이다. 독자 여러분은 얼마나 중요한 코칭인지, 나보다 우월한 동료를 추월할 수 있는 너무 중요한 코칭을 해주고 있는 이 저자에게 너무 감사해야 한다.

토끼가 잠을 자고 있을 때에 거북이가 토끼를 추월해야 한다. 한 번밖에 기회가 오지 않는 인생에서 내가 잠을 자다가 깨어났을 때는 친구에게 추월당해서 이미 늦은 때가 될 수도 있는 정황이 다분하다. 그나마 따라잡을 시간이 남아있다면 다행이지만 이미 종착지에 가까이 왔다면 인생에서 실패자가 될 수가 있었으리란 건 뻔한 얘기 아닌가.

어쩌다 내가 이렇게 뒤처지게 되었는지 가만히 생각해보니, 내가 잠자고 있을 때 그 친구는 열심히 달리고 있었다는 생각이 들었다. 내가 평이하게 회사를 다니면서 자기관리를 소홀하게 하고 있을 때, 그 친구는 열심히 공부하고 노력하여 석·박사를 취득하고 교수가 되었던 내막이다. 내가 41살이 넘어서 다시 공부를 시작한 것도 이것이 자극이 되었는지도 모른다. 그래서 나는 41살이 되어서 다시 학생으로 돌아가서 공부를 시작하여 석·박사와 기술사를 취득하였다. 지금은 그 친구와 비슷한 레벨에 도달하였다고 생각하지만 한때는 그 친구가 나보다 훨씬 앞서가고 있었다는 것을 실감하게 되었다.

여기서 말하고 싶은 것은 30~40대도 정신을 차리고 달리지 않는다면 언제든지 따라잡히고 추월을 당할 수 있다는 것이다. 물론 친구들을 앞질러 갈 수 있는 기회는 50~60대에도 있을 수 있다. 하지만 50대가 넘으면 이미 최종 라인의 가까이에 와 있을 것이고, 체력을 다 소모하여 더 이상 쓸 수 있는 체력이 없어서 따라잡을 확률은 더욱 적어진다. 즉, 20대에 경기에서 떨어진 경쟁력을 30~40대에는 따라잡을 수 있지만, 30~40대에 준비하지 않는다면 떨어진 경쟁력을 50~60대에는 따라잡을 확률이 거의 없다는 것을 알려주고 싶은 것이다.

또 하나의 사례를 들어보겠다. 나의 지인 중에는 공주사대 수학과를 졸업하고 교사가 된 분이 있다. 그러나 교편을 잡고 직장 생활을 하다 보니 이것은 아니라는 생각이 들었단다. 그래서 다시 30살이 넘어서 대학 입시 공부를 시작하여 한의대에 입학하고 40에 가까운 나이에 한의대를 졸업하여 한의사가 되었단다. 그래서 지금은 상당한 건물을 가지고 있으며 부를 축적하여 행복하다고 자랑하는 어떤 산악회의 선배를 볼 수가 있었다.

특히 내가 강조하고 싶은 것은 **모든 사람들이 대학을 졸업하면, 이제는 경기가 끝난 것으로 착각하고 대부분 잠을 잔다는 현실이다. 그래서 30~40대의 경기에서 나보다 공부 잘하는 사람들을 따라잡아서 이길 수 있는 역전의 기회가 될 수 있다는** 가르침이 성립된다. 이 책을 읽는 여러분들도 반드시 이러한 기회를 놓치지 말고 나보다 공부 잘하는 친구들을 따라잡아서 경쟁에서 최종 승리자가 되기를 다시 한 번 권유하고자 한다.

이 글을 같이 읽는다고 해서 읽은 사람 모두 다 같은 사람이 된다고 생각하지는 않는다. 중요성을 얼마나 인식하고 실행에 옮겨서 성공하느냐에 따라 10~20년 후에 당신의 모습이 달라져 있을 것이다. 왜냐하면 20대까지는 모든 사람이 공부를 하기 때문에 나보다 출신 성분이 우수하고 머리가 좋아서 공부도 잘하는 능력 있는 친구들을 따라잡을 수가 없지만, 30~40대에는 따라잡을 수 있는 기회가 주어진다. 어쩌면 하느님이 공평하게 기회를 준 것인지도 모른다.

이 얼마나 좋은 절호의 기회인가. 인생에서 이러한 호기가 여러분에게 주어진 것을 영광으로 생각하고 반드시 기회를 잡아서 성취도 높은 인생을 살아갈 것을 권하고 싶다. 이번 절의 내용을 어떻게 이용하느냐에 따라서 선천적으로 타고난 자질을 뛰어넘을 수 있는, 정말 고맙게도 공평하게 주어진 역전의 기회라고 생각하고 달릴 것을 권고한다. 50~60대가 되어서 이렇게 좋은 기회를 가르쳐준 저자에게 고맙다는 독자가 많이 나올 수 있기를 희망한다.

4

세상은 넓다.
해외여행을 하자

우리가 젊음을 효과적이고 알차게 사는 방법 중에는 해외여행을 하는 기회를 가지는 방법이 있다. 여행을 해야 하는 이유는 더 넓은 세계를 보고, 더 큰 인생을 살려면 더 많은 정보를 가지고 있는 사람이 승리할 수가 있기 때문이다.

내가 해외여행을 하게 된 것은 40대가 넘어서였다. 그때 선진국을 방문하였고, 늦게나마 해외여행으로 보다 넓은 세상을 볼 수 있었다는 생각이 든다. 우리와는 다른 문화를 가지고 있는 사람들을 만나볼 수도 있고 직접 체험할 수도 있었다. 그러나 지금 생각해보면 20대에 해외에 나가보고 다른 문화도 접할 수 있었다면 더 일찍 삶에 대한 의욕을 느꼈을 것이고, 더 빨리 성장할 수 있지 않았을까하는 생각도 든다.

우리들은 항상 경쟁 사회 속에서 살아간다. 그 속에서 뒤처지지 않기 위해서 요즘 대학생들은 스펙 쌓기에 여념이 없이 바쁘다. 그러나 현재 당신의 하루하루를 살펴보면 남들을 쫓아가기에 급급하여 정작 자신이 원하는 인생을 살아가는 것을 망각하는 경우가 많다. 사회에 나가기 위하여 대학 시절에 혹은 사회 초년 시절에 자신만의 인생을 계획하고, 자아 성찰의 시간을 충분히 가질 필요가 있다.

사회 초년생 때에 인생의 미래 계획을 위해 희망이 필요하신 분들은 반드시 해외여행을 하여야 한다고 생각한다. 해외여행은 경제적인 부분을 떠나서 지금 나는 잘살고 있는지, 내가 할 일은 무엇인지를 생각하게 만드는 계기가 된다. '세계는 넓고 할 일은 많다'는 김우중 회장님의 글귀가 떠오른다. 젊어서의 해외여행은 아무도 가보지 않는 곳을 가보고, 다른 길을 갈 수 있는 계획을 세워서 더 넓은 세계를 보는 여행이 되어야 한다고 생각한다. 그래서 미래 인생의 개척자가 되고, 성취도 높은 인생을 살아가는 개척자가 되는 길이 해외여행이다. 창조적이고, 적극적이며, 긍정적으로 세계 지향적인 인생의 주인이 될 수 있도록 항상 젊음의 가능성을 안고서 살아야 한다. 우리가 해외여행을 하는 것은 인생의 더 큰 목표를 향하여 젊음으로 도전하고, 새로운 삶의 도전과 변신을 위하여 인생을 살아야 하기 때문이다.

젊은이가 이상과 꿈을 갖지 못하고 살아간다면 그것은 정신적으로 희망이 없는 절망이나 마찬가지라고 생각한다. 젊은이는 항상 이상과 꿈을 가지고 더 큰 나를 위하여 희망의 꿈을 꾸어야 한다고 생각하기 때문이다. 가드너의 다중 지능 이론과 같이 모든 사람들은 누구나 각자가 다른 종류의 재능을 가지고 있고, 다른 사람보다 잘하는 것이 있는 능력을 가지고 태어난다. 그러나 능력을 발견하고 그 능력을 성공적으로 길러서 무한한 능력의 문을 열고 성공하려면 더 넓은 세계를 보고 선택의 기회를 가질 수 있어야 한다.

더 많은 정보를 얻기 위하여 끝까지 최선을 다하여야 한다고 생각하기 때문에 젊어서의 해외여행은 필수라고 생각한다. 우리가 인생에서 시간을 붙잡을 수는 없지만 자기 인생의 주인이 되어서 언제나 적극적이고 철저하게 끊임없이 성장하려고 노력하면서 살아야 한다고 말할 수 있다.

결론적으로는 사회의 초년생 때에 인생의 미래를 계획하고, 더 큰 희망을 갖기 위해서는 반드시 해외여행을 해야 한다. 특히 선진국을 방문하여 더 많은 문화를 접해보고, 세계와 인류에 무엇을 기여할 것인가를 생각해 볼 필요가 있다. 해외여행은 반드시 여러분의 미래 인생에 중요한 전환점이 될 수 있을 것이라고 확신한다.

나도 해외여행을 처음 하게 되었을 때 다양한 민족을 보면서 우리 민족이 앞서갈 수 있는 민족의식이 만들어지고 경쟁의식이 생기게 되었다. 해외에서 국제 경기에 참여하는 선수들은 모두가 애국자가 된다는 말이 있다. 세계를 다니다 보면 잘사는 나라와 못사는 나라의 차이가 너무나 많이 난다는 것을 알게 된다.

우리보다 잘사는 국가나 민족을 보게 되면 자연스레 경쟁의식이 생기게 되었다. 해외를 방문하면서 돌아다니다 보니 '내가 우리 민족을 위하여 무엇을 기여할 것인가'라는 생각이 들게 되었다. 예를 들어서 나도 어렸을 때 시골에서 처음 남원 읍내에 가보았을 때 내가 열심히 살아서 우리 집안을 위하여 무엇인가를 하기 위하여 열심히 살아야겠다는 의식이 생긴 것과 마찬가지다.

세계를 둘러보다 보면 내가 우리나라를 위하여 국가대표가 되어 무엇인가를 해야 한다는 의식이 자연스럽게 생기게 되고 열심히 살아야겠다는 의식이 생긴다고 한다. 나도, 내가 스스로 애국자가 되고, 우리 민족이 앞서갈 수 있도록 내가 무엇인가를 기여해야 한다는 의식이 생겼던 기억이 난다.

그래서 젊은이들은 해외여행을 하면 자아의식을 고취하고 다양한 세계를 보게 되어 새로운 삶에 대한 국제적 감각을 갖춘 인생관이 생기게 된다는 것을 강조하고 싶다. **젊은 시절의 해외여행은 여러분의 인생관을 바꾸게 하는 계기가 될 것이고, 인생의 새로운 더 큰 도전을 설계하게 될 것이며, 한 단계 업그레이드된 인생관이 만들어지게 될 것이라고 확신한다.** 해외여행으로 국제적 감각을 갖춘 성공적인 훌륭한 젊은이로 인생관이 수립되어 넓은 세계의 도전적인 삶을 살아갈 수 있기를 권고한다.

5

**부부간에
기 싸움으로
체력을 낭비하지 말고
지혜를 발휘하자**

인생을 살아오면서 가장 후회가 많은 것 중에 하나는 내가 젊어서 아내와의 기 싸움을 한 것이다. 나는 이것으로 너무 많은 것을 잃었다는 생각이 든다. 물론 지금에 와서 생각해보면 나 또는 아내 중에서 현명한 사람이 있었다면 기 싸움으로 많은 기력을 잃지 않았을 수도 있었겠지만 아무튼 30대에는 아내와의 기득권 싸움을 많이 했다는 생각이 든다. 그때 무의미한 체력을 너무나 많이 낭비하여 부부간에 중요한 신뢰를 잃은 것 같다. 기 싸움을 해서 얻은 것은 아무것도 없었고, 잃은 것만 있다는 것을 알아차렸을 때에는 이미 많은 것을 잃은 뒤라는 것을 알게 되어 지금도 크게 후회하고 있다.

물론 나도 아내와의 기 싸움으로 많은 것을 잃었지만 일반적으로 많은 사람들의 이야기를 들어보면 대부분의 사람들이 아내와의 기 싸움과 현명하지 못한 생각으로 체력을 낭비한다는 것을 알게 되었다. 서로를 위해주고 가장 열심히 보완해주고 도와줘야 할 부부간의 관계가 기 싸움으로 서로에게 도움이 되지 못하고, 정신적으로 상처를 줘서 결국에는 '누워서 침을 뱉는 격'이라는 것을 늦게야 깨닫게 되었다. 그래서 이 책을 읽는 사람들에게 무의미한 기 싸움으로 체력을 낭비하는 일이 발생하지 않도록 하라고 조언하고 싶어서 여기서 그 관계의 중요성을 주장하고 있다.

세계는 넓고, 할 일은 많은데 가장 가까운 가족 간의 기 싸움으로 체력을 소모하는 우를 범하는 사람이 많다고 생각된다. 여러분은 그런 우를 범하지 않도록 하기 위하여 여기에서 기 싸움을 하지 않도록 할 것을 강조하고 있다.

우리가 흔히 친구들 사이에서도 이야기할 때 신혼 초에는 처음부터 확실하게 기선을 잡아야 한다고 서로 강조했던 기억이 난다. 그런데 부부간에 한쪽이 현명하여 불필요한 기 싸움을 하지 않고 양보하는 현명한 삶을 선택한다면 얼마든지 올바른 삶을 살 수가 있었을 것이다. 그러나 각각 가정의 문화가 서로 다른 부부가 만났을 때는 반드시 많은 시행착오를 겪어야 하고, 어려움에 부딪히게 마련이다. 이때를 현명하게 극복하는 것이 중요하고, 가정의 안정을 찾아야 경쟁 사회에서 앞서갈 수 있는 긍정적인 삶을 살아갈 수 있게 된다. 그래서 이번 장의 5.1절에서도 배우자의 현명한 선택이 인생의 성패를 좌우한다고 강조하고 있다.

서로 다른 환경에서 성장한 부부가 한 가정을 꾸려서 인생을 서로 슬기롭게 극복하여 화목한 가정을 꾸리는 것이 중요하다는 생각이 새삼스럽게 든다. 지체 높은 가정에서 현명한 교육을 받고 성장한 사람은 현명하게 극복이 가능하겠지만 그렇지 못한 사람들은 이혼까지도 가는 사람도 많이 있다. 그렇게 이혼까지 가는 사람들은 인생의 절반 이상이 실패한 것이나 마찬가지라는 생각이 든다.

나도 40대에 아내와의 기 싸움으로 파국을 경험하게 된 적이 있다. 나는 아내와 한동안 별거를 하며 살았고, 혼자서 어려움을 재도전으로 현명하게 극복하였다고 생각은 된다. 다행스럽게도 나는 아내와 파국의 위기를 맞이했을 때 석·박사 과정을 공부하였으며, 정보처리 기술사를 공부하여 슬기롭게 극복하였다고 생각한다. 어쩌면 이것이 내 운명의 기회였다는 생각이 들기도 하지만 바람직한 삶이라고 생각하지는 않는다.

내가 이렇게 슬기롭게 위기를 극복하고, 전화위복이 되어 더 큰 도전을 하는 데에 많은 도움이 되었다는 생각은 든다. 하지만 부부간에 상호 협력하여 따뜻한 부부애로 가정을 이루어 나가는 데 성공했더라면 더 성취도가 높은 인생을 살지 않았을까 하는 아쉬움도 크다.

우리가 최선책이 아니면 차선책이라도 선택해야 한다는 말이 있다. 그래서 나는 늦게나마 재충전으로 공부에 열중하여 차선책을 선택했고 잘 이용했다는 생각은 들지만 정신적으로 서로 많은 상처를 안고 살아왔다는 후회가 밀려든다. 따라서 여러분들도 이것을 거울로 삼아서 최선책이 아니면 차선책을 선택하여 지혜롭게 위기를 극복할 것을 권고한다. 그러나 가능하면 최선책을 선택하여 성취도 높은 인생을 사는 것이 현명한 사람이라고 믿는다. 부부라는 정의는 상호 협조하고 서로 부족한 부분을 도와서 살아가도록 하여 인간에게서 부족한 외로움을 보완하여 주는 것이기 때문이다.

그러나 아내는 나와의 갈등으로 자녀들의 양육과 외로운 힘든 삶을 사느라 자기관리가 부족하여 평교사로 교직을 마무리하게 되어 있다. 이것이 나의 책임이라는 자책감으로 항상 미안한 마음이 들고 후회가 된다. 아내와 서로 협조하여 서로를 위로하고 화목한 가정을 꾸렸더라면 아내도 교장의 직위 이상에 갈 수 있는 충분한 능력을 갖추고 있다고 생각하기 때문이다.

다투지 않는 부부는 더 비정상적이지만 서로의 이견에 대해 사랑으로 잘 싸우는 방법을 터득하는 것도 가장 좋은 방법이다. 그리고 무엇보다 서로를 사랑하기 때문에 더 나은 개선점을 찾기 위하여 다툰다는 사실을 서로 잊어서는 안 된다. 반드시 자기 전에 싸움을 정리하고 자존심을 버리고 미안함과 사랑을 잊지 말아야 그것이 참된 부부다.

속담에 부부지간의 싸움은 칼로 물 베기라는 말이 있다. 이것은 아무리 싸워도 다음날 아침에는 서로를 이해하고 한 가족으로 돌아와서 서로를 불쌍하게 생각하고 안아주는 습관을 가져야 한다고 생각한다. 어떤 가정은 한 달까지 대화를 하지 않고 지낸다고 한다. 이것에 대해 아픔이 커야 사랑도 커진다고 말할 수 있을지 몰라도,

부부는 자고 나면 모든 걸 잊어버리고 새로 시작하는 것이 서로에게 좋을 것 같다.

우리 부부도 처음에는 일주일씩 냉전을 하고 지내다가 지금은 하루만 지나면 잊어버린다. 집사람에게 왜 그렇게 빨리 부아가 풀어지게 되었냐고 물어봤더니 내가 금방 풀어지는 것을 보고 자기도 동화되었다고 한다. 나는 마음이 약해서 싸우고 하루가 지나면 가슴이 아파서 견딜 수가 없는 성격을 가지고 있다. 여기서는 바로 부부 싸움을 하는 것도 이렇게 방법을 개선하여 습관화하면 좋은 관계를 유지할 수 있다는 것을 코칭 하고 싶다.

따라서 여러분들도 지혜로운 부부애로 서로의 약점을 보완하여 성공적인 인생을 개척해 나갈 수 있기를 기대한다. 부부간의 관계가 원만해지면 가장 먼저 가화만사성이 이루어질 수 있을 것이므로 배우자가 중요하다. 인생에 있어서 가화만사성이 행복의 근원이 되며, 자녀의 교육과 부부애가 성공적으로 이루어져야 가족 모두가 안정적으로 사회에 진출하여 성취도 높은 인생을 개척해나갈 수 있을 것으로 생각된다. 먼저 **부부간의 관계가 만사형통의 근원이 된다는 인식을 가져야 한다. 서로 다른 문화에서 성장한 부부가 만나서 결합할 때, 부부간의 기 싸움이라는 관계를 지혜롭게 극복하여 안정적인 가정을 이루어 나가는 것이 모든 일에 있어서 만사형통의 근원이라고 주장하고 싶다.**

6

노년기를
대비하여
자산을 늘리자

앞에서 돈보다는 명예가 중요하다고 강조한 적이 있다. 그렇다고 돈이 필요가 없다고는 생각하지 않는다. 젊어서는 돈은 나중에 벌어도 된다는 생각이 들었고, 그래서 나는 명예를 중요시하게 되어 40대에는 회사도 그만두고 명예를 생각하며 재충전에 전념하였다. 그러나 현재 재산을 여유롭게 모으지 못했고, 지금에 와서 생각해 보면 금전적으로 좀 더 여유가 있었으면 하는 바람이 있다.

나의 친구들 중에는 금전적으로 상당히 여유를 가지고 살고 있는 사람들도 많이 있다. 지금 시내에 나가보면 너무나 많은 상가와 건물들이 있는 것을 보게 된다. 그런데 나는 내놓을 만한 건물이나 상가도 하나 없다는 것을 느끼고 아쉬운 생각이 든다.

자기가 금전적으로 많은 재산을 모았다고 자랑하는 사람들을 흔히 만나기도 한다. 그럴 때면 나는 상당히 열등의식을 느낄 때가 많고, 소외 의식을 느낄 때도 있다. 그러나 한편으로는 하느님이 부와 명예를 동시에 내리지는 않는다는 생각으로 나를 스스로 위로하고 지낸다. 나는 돈보다는 명예를 선택했기 때문이라고 위안을 삼지만 나이가 들어가다 보니 돈이 더 중요할 수도 있다는 생각이 들 때도 있다. 그래서 돈도 인생에서 매우 중요하다는 생각을 하게 된다. 젊어서는 돈보다 명예를 선택하지만 나이가 들어갈수록 돈이 더 중요하다는 생각이 든다. 그래서 여러분들도 어느 정도의 부는 갖추고 인생을 살아갈 수 있기를 권하고 싶다.

물론 희망과 꿈이 많은 젊은이들에게 부를 강조해서는 안 되겠지만 꿈과 희망보다는 평범하게 살기를 원하는 젊은이들에게는 돈도 중요하고, 어느 정도는 갖추는 것이 노년기에는 매우 중요하다. 여기에서 기본적으로 갖추어야 하는 자산은 어느 정도 있어야 하는가에 대한 질문이 나올 수도 있다. 우리나라도 이제는 선진국에 진입하게 되어 노년기를 보내는 것을 국가에서 책임을 지게 되어 있지만 그래도 내가 국가의 도움이 없이도 하고 싶은 일을 하면서 살아갈 수 있을 정도의 재산을 모아야 하지 않을까라는 생각이 든다.

물론 여러분들의 인생관에 따라서 더 많은 재산이 필요한 사람도 있고, 기본적인 생활을 영위할 수 있는 정도의 재산이 필요할 수도 있기 때문에 사람에 따라서 기본적인 자산의 기준은 달라질 수 있다. 왜냐하면 사람에 따라서 적은 돈을 가지고도 마음의 여유를 누릴 수 있는 사람도 있겠지만 그렇지 못한 사람은 상당한 많은 돈을 가지고도 항상 불안한 마음을 가지고 살아가기 때문이다. 이런 사람이라면 젊어서 더욱이 많은 재산을 모아야 할 것이고, 따라서 마음가짐도 더욱 중요하다는 생각이 든다. 부족한 사람은 항상 많은 돈을 가지고도 부족하다고 느낄 수 있기 때문이다. 따라서 젊었을 때 마음의 여유를 가지고 살아갈 수 있는 정도의 재산은 모을 것을 권고한다.

우리가 흔히 하는 말로 나이가 들어가면 입은 닫고, 지갑은 열어야 한다는 속언이 있다. 이것은 삶의 지혜를 말해주는 말이다. 할아버지나 할머니가 되면 손녀들도 가까이 오지 않는다는 말이 있다. 사실 아이들도 노인은 싫어하게 된다는 것을 우리는 익히 알고 있다.

우리가 어릴 때에는 할아버지는 고기도 우리보다 좋은 것으로 드리고, 쌀밥도 우선적으로 담아드리고 나면 우리는 보리밥만 남아서 먹기가 힘들었다고 기억된다. 그러나 요즘 어린이들은 보리밥의 의미를 이해하기가 힘들 것으로 생각된다. 즉, 옛날에는 할아버지가 우리보다는 우선이라는 의식이 있었지만 지금은 할아버지에 대한 존경심도 약해진 것이 사실이다. 따라서 요즘처럼 황금만능주의가 심화된 상태에서 할아버지는 돈이 필요할 때 돈으로라도 존경심을 불러일으킬 수 있어야 한다. 즉, 노인이 되면 지갑을 열어야 한다는 것은 혈육 간에도 나이가 들어가면 금전도 중요하다는 것을 선배 어른들께서 경험으로 말하여 주고 있는 교훈이라고 생각한다.

따라서 이번 절에서는 나의 경험으로 이야기한 바와 같이 **노인이**

되면 자산도 명예만큼이나 인생에서 중요하다는 것을 강조하고 싶다. 그리고 가족 중에서 혹시라도 건강상에 이상이 있었을 때 금전상으로 큰 어려움을 경험하지 않고 살아갈 수 있을 정도의 자산은 필요하다고 생각된다. 특히, 웰빙 생활로 인생을 즐기자고 이야기한 것과 같이, 나이가 들어서 웰빙 생활을 위해서는 여유 자산이 있어야 걱정이 없이 웰빙 인생을 살아갈 수 있기 때문이다. 연금이나 자산에서 일정량의 소득원이 있다면 노후가 더욱 안정적이고 행복한 삶을 영위할 수 있을 것이라고 생각된다.

7
과감한
도전과 변신으로
다양한
경력을 만들자

희망과 꿈이 많은 젊은이라면 적극적인 인생의 개척자가 되어야 할 것이다. 참된 개척자가 되려면 창조적, 적극적, 긍정적으로 역사의 주인이 될 수 있도록 항상 가능성과 희망을 안고 살아야 하며, 더 큰 목표를 향하여 젊은이로서 도전이 필요하다. 그러기 위해서는 인생에 있어서 항상 과감하게 도전하고 변신할 수 있어야 하며, 개척자로서 도전 정신이 강해야 한다. 젊은이들에게 이번 절에서는 **용감한 자가 미인을 차지할 수 있다는 이야기와 같이 실패가 두려워서 도전조차도 하지 않는다면 성공을 거둘 기회조차 없어진다는** 것을 말하고자 한다.

나는 대중들 앞에 나가서 강연 한번 못 해본 내성적이고 평범하다 못해 못난이에 가까운 평범한 직장인이었다. 그러던 내가 우연한 기회에 정계에 도전해야 하는 기회가 왔고, 그때 정계에 진출을 해서도 매스컴에서 인터뷰조차도 제대로 할 수 없는 평범한 사람이었다. 그러나 자격을 충분히 갖추고도 인맥의 미흡으로 공공기관의 공모직에서 떨어지는 등 빈번히 실패를 거듭하자, 나는 변신하지 않을 수가 없다고 판단하였다.

내가 정치에 관심을 가지게 되어 입문하게 된 것도 이러한 인맥의 관리가 필요하다고 생각했기 때문이다. 그래서 나는 적성에 맞지도 않는 정계에 입문하게 되었다. 어쩔 수 없이 국회의원 출마에 도전하기로 마음을 굳히기까지는 엄청난 고민을 했었다. 아무리 어렵고 생소한 분야라도 도전해야 한다고 결론을 내렸다. 용감한 자가 미인을 차지할 수 있다는 말은 역으로 도전할 줄 모르는 사람은 미인을 차지할 수 없다는 것을 의미한다고 생각했기 때문이다.

이 책을 쓰고 있는 지금도 이공계 출신이고, 전공 서적 외에는 인문서적은 별로 읽어 본 적도 없는 내가 이런 인문적인 책을 쓰려고 도전하게 된 것은 정치에 도전하였던 망설임보다는 사소한 일이라는 생각이 들었기 때문이다. 그래서 나는 이 책을 과감히 쓰겠다는 결심을 하게 되었고, 지금은 어떠한 어려운 도전도 할 수 있을 것 같은 자신감을 가지게 되었다. 나는 누구나 어떤 일도 자기 앞에 주어지면 할 수 있는 잠재적인 능력이 있다는 것을 주장하고 싶다.

여러분들도 지금 생각하기에 나는 절대로 자치단체장에 출마할 수 없다고 생각하는 사람도 많이 있을 것이다. 그러나 누구나 자치단체장에 도전하여 단체장의 역할을 할 수 있는 역량을 가지고 있다는 것을 말하고 싶다. 과감하게 도전하는 자가 자치단체장이 될 수도 있고, 누구나 창업을 통하여 기업체의 사장도 될 수 있다. 자치단체장이 되거나 회사 사장이 되라고 처음부터 지정되어 있는 사람은 아무도 없다. 여러분도 용기를 가지고 과감한 변신을 하여 도전하는 자만이 성취도 높은 인생을 살아갈 수 있다는 것을 말하고 있다. 이 책의 앞부분에서 우리가 살아가는 데에 격언을 교훈으로 삼아서 살아갈 것을 권고하였듯이 여러분들도 과감한 도전과 개척 정신으로 도전하는 자만이 성취할 수 있다는 것을 다시 한 번 더 강조한다.

나는 회사를 3곳이나 옮겨 다니고 대학교 교수도 3개 학교를 옮겨 다닌 경력이 있으며, 기타 회사들도 옮겨 다니면서 경력을 쌓았다. 내가 생각해 봐도 나는 욕심이 너무 많았지만 도전하는 데에 능력이 부족하다는 생각을 하면서 항상 두려움에 살아왔다. 그래서 어떤 때에는 자의로 어떤 때는 타의로 도전하여 경력을 늘려왔다.

나는 대학 강의에서도 컴퓨터 관련 과목은 어떤 과목이라도 가리지 않고 강의를 맡아 보려고 노력하였으며, 그러다 보니 어떤 과목이든 강의할 수 있다는 자신이 생겼다. 나는 컴퓨터 과목이라고 하기 어려운 동영상 과목인 프리미어나 포토샵의 멀티미디어 콘텐츠 과목까지도 강의를 경험하였다. 항상 도전하는 정신으로 강의 과목을 맡아서 하게 되었고, 그 과목을 더 깊게 공부하게 되었으며, 나의 실력은 더 늘어난다는 것을 터득하게 되었다.

내가 컴퓨터 감리 회사를 다니게 된 것도 과감한 도전이었다고 생각한다. 전산감리도 전공에 따라서 4개 분야가 있다. 나는 처음에는 자신감이 있었던 프로젝트 관리 분야의 감리를 하였으나 나중에는 소프트웨어, 데이터베이스, 아키텍처 등의 모든 분야의 감리에 도전하게 되었고, 각 분야의 감리 경력을 추가하게 됨으로써 각 분야의 실력도 갖추게 되었다.

또한 나는 이공계 출신이라서 어학이 약하다는 단점도 있었다. 해외에 나가서 변변히 말도 못 하지만 과감하게, 아니 겁도 없이 도전하여 국제 표준화 활동도 하게 되었다. 그래서 지금은 도전하고 싶은 분야가 너무 많고 항상 희망이 있기 때문에 행복하다. 지금도 도전하고 싶은 분야는 너무 많다. 진출한 분야에서 실패를 하더라도 궤도를 수정하여 재도전할 수 있는 분야 또한 너무나 많다. 젊은 이들이여, 도전과 실패를 반복하고 오뚝이처럼 다시 일어날 수 있는 도전을 권고한다.

젊어서 하는 고생은 사서라도 해야 한다는 속담이 의미하는 것은 삶에 있어서 과감한 도전은 살이 되고 피가 된다는 것을 말한다. 즉, 이러한 경력이 쌓여서 더 큰일을 할 수 있는 자격을 갖추게 된다는 의미이다.

나도 이러한 욕심으로 변신을 거듭하다보니 국회의원에 도전할 때에 나의 경력이 너무 화려하게 만들어져 있어서 나도 모르게 출마하기 위하여 미리 준비한 경력인 것처럼 느껴졌다. 비록 나는 국회의원에 당선되지는 못했지만 이력만은 상대방보다 화려하다는 것을 알고 스스로 만족을 하게 되었다. 유세 과정에서 시민들도 나의 경력이 화려하다는 것을 인정해 주었으며, 나 스스로도 경력에 자부심을 느끼게 되었다. 그러나 이러한 경력은 글로벌한 세상을 살아가는 데에 큰 보탬이 된다는 것을 출마하고 난 다음에야 알게 되었으며, 다양한 경력의 장점을 여러분에게 깨우쳐 주기 위한 것이라고 말하고 싶다.

나는 현재 60살이 가까워졌지만 앞으로도 더 많은 과감한 변신과 도전으로 인생을 개척하며 살아가려고 생각하고 있다. 앞으로도 여러 직위에 도전할 계획이 있으며, 그래서 나의 미래에 대하여 희망이 있어서 좋고, 희망 때문에 행복을 느낄 수 있어서 더욱 좋다. 다시 강조하지만 과감한 도전과 변신의 성공은 또 하나의 성취감과 행복감을 느끼게 되고, 인생에서 삶의 희열을 느낄 수 있게 만든다. 여러분에게도 인생에서 최소한 한 번 이상은 현재의 직장을 탈피하여 한 단계 업그레이드된 과감한 도전과 변신이 필요하다고 말하는 것이다.

예로부터 전해 내려오는 격언 중에서 누구나 인생에서 3번의 기회가 온다는 말이 있다. **다양한 경력을 갖추어야 변신하고 도전할 수 있는 기회가 더 많이 올 수 있기 때문에 나는 여러분에게 젊어서 다양한 경력을 쌓아 두라고 코칭하고 있다.** 그리고 이 기회를 절대로 놓치지 말고 잡으라는 것은 아마도 이러한 변신의 기회가 온다는 말을 의미하는 것이 아닌가라고 생각한다.

8
창조적 도전으로 한 단계 더 높은 인생의 목표를 세우자

우리는 30~40대가 되면서부터는 자신의 능력에 대하여 어느 정도의 사회적 위치와 실현 가능한 것을 가늠할 수 있다. 나는 인생의 좌우명이 "최선을 다하자"였다. 그러다 텔레비전에서 순경에서부터 시작하여 최초의 여자 경찰서장이 된 어떤 여성분을 보게 되었다. 그분이 자신의 좌우명을 "최선을 다하고 한 걸음 더 나가자"라고 인터뷰 하는 것을 보았다. 어떻게 최선을 다 했는데 한 걸음 더 갈 수가 있겠는가라고 말할 수도 있겠지만 최선을 한 번 더하자는 뜻일 것이다. 그래서 우리도 불혹의 시점에 인생의 궤도를 한 번 더 수정하여 앞으로 나갈 수 있는지를 살펴보고 인생 목표를 최종적으로 한 단계 높여서 수정하여 보자고 권고하고 싶다.

내가 전산을 전공하여 대학을 졸업할 때는 인생의 목표가 중견 기업의 전산실장이 되는 것이었다고 생각했지만 더 넓은 세상이 있다는 것을 나중에야 발견하게 되었다고 앞에서 말했다.

나는 직장 생활 10년 만에 전산실장의 목표를 달성하고 몇 년을 방황하다가 대학교수로 전직하게 되었고, 또 다른 목표를 발견하게 되어 정치계로 입문하게 되었으며 대학장까지 가게 되었다. 그런데도 만족하지 않고 추가적으로 이 책을 더 쓰게 되었듯이 너무나 많은 다른 길이 있다는 것을 모르고 살아가려고 하지 않았는가라는 생각이 든다.

지금에 와서 생각해보면 내가 알던 것보다 더 넓은 세계가 있고, 할 일도 많지 않은가? 그래서 40대에는 여러분도 창조적인 아이디어로 훨씬 더 넓은 세상을 발견하고, 개척할 수 있는 길이 더 많이 있는지 한 번 상기하여 생각해보고 궤도를 수정하여 목표를 설정해보는 것도 성취도 높은 인생을 살아가는 또 다른 방법이라는 것을 이야기하고 싶다.

처음 변신은 공포와 두려움으로 가득할 것이다. 나도 첫 직장을 그만두고 다른 회사로 이동할 때 정말 두려움으로 가득했던 기억이 난다. 내가 후회하지 않고 잘 극복하여 인생을 개척해 나갈 수 있을까 하는 두려운 생각뿐이었다. 그러나 지금에 와서 생각해보면 내가 알고 있고, 계획하고 있는 일보다도 훨씬 더 할 일들이 많았다. 이것을 통해 내가 얼마나 시야가 좁았던가 하는 것을 알 수 있었다. 그래서 내가 기존 지식을 기반으로 앞으로도 할 수 있는 일들이 더 많다는 것을 소개하고자 한다.

첫째는 국제표준화 활동을 하면서 알아놓았던 OECD 국가의 개발도상국을 돕는 국제협력 사업 중에서 은퇴 후에 전문가가 지원하는 국제 컨설팅 사업이 있다. 나는 처음에는 IT전문가로서 개발도상국을 돌아다니면서 소프트웨어 등의 IT컨설팅을 하면서 개발도상국을 지원하는 일을 하려고 계획하고 있었다. 개발도상국에서 컨설팅하는 일을 하면 기본적인 체제비와 인건비가 제공되는 것도 알게 되었으며, 그렇게 되면 해외 개발도상국에 1년씩 파견되어 주말에는 그 국가의 문화와 여행을 즐길 수도 있다는 생각이 들었기 때문이다. 일석이조가 이것을 두고 하는 말이라고 생각했다.

둘째로 하고 싶은 일은 이 책을 성공적으로 쓰게 되면 다시 정계에 입문하여 선출직 기관장에 도전하여 보고 싶은 생각이 있다. 내가 40살에 할 일이 없다고 생각해서 낚시나 하고 방황하면서 지내던 것과는 대조적으로 이렇게 넓은 세상이 있는데 그때는 그것을 모르고 살았기 때문이다. 여러분들도 한 번 더 주위를 폭넓게 살펴본다면 훨씬 더 자기가 가치 있게 할 수 있는 일을 발견할 수 있을 것이다.

즉, 40대에 인생에 있어서 자신을 업그레이드할 수 있는 성취도 높은 인생 계획의 수립이 한 번 정도는 반드시 필요하다고 권고하고 싶다. 물론 무리한 도전이 아닌 많은 정보와 판단력으로 올바른 선택을 하여 보다 성취도 높은 인생을 살아보는 것도 인생에서 보람되고 더 큰 행복을 누릴 수 있는 방법일 것이다. 하늘이 무너져도 솟아날 구멍이 있다는 격언과 같이 살아갈 수 있는 방법은 반드시 존재하기 때문에 두려워하지 말고 과감하게 자신을 한 단계 업그레이드하기 위한 도전과 변신을 강력하게 권고한다. 처음 도전은 어렵고 두려움도 많지만 도전이 한두 번 쌓이게 되면 두려움이 자신감으로 변하게 된다.

나는 32살에 자의보다는 타의에 의하여 다니던 직장을 그만두고 변신을 하게 되었다. 첫 직장을 그만두게 되면 곧 죽음이라고 생각하며 살았기 때문에 첫 직장에서 최선을 다하여 인정을 받기 위하여 회사 일에만 너무 전념했었다. 그러나 첫 번째의 도전이 어렵지 그 다음부터는 직장을 옮기는 것이 새로운 세계로의 도전이 된다는 것을 알게 되었다. 나의 이러한 도전은 모든 사람에게 통하는 변신의 성공이라고는 말할 수는 없지만 젊어서의 고생은 사서라도 해보라는 말이 있듯이 도전은 가능하면 30~40대에, 젊어서 변신과 도전을 시도하고 도전해 볼 것을 권한다.

내가 첫 번째 옮겼던 직장에서 금융회사의 동료들을 보면 한 친구는 다시 연구소로 옮겨서 박사학위까지 받고 직장 생활을 잘하고 있고, 다른 한 친구는 대기업으로 전직하여 직장 생활을 성공적으로 잘하고 있다.

우리나라도 이제는 인생을 한 직장에서 마무리하는 시대는 지났다고 생각한다. 그렇다면 한 번쯤은 좋은 조건과 좋은 기회의 도전

을 찾아서 변신을 시도해 보기 바란다. 한 번의 도전이 실패한다고 해서 의기소침하지 말고 다시 일어설 수 있는 사람만이 새로운 도전의 자격이 있다는 것을 말하고 싶다. 나의 도전과 변신을 벤치마킹하여 변신할 수 있는 분야를 찾아보고 전공이 아닌 분야에도 변신할 수 있는 분야가 많이 있다는 것을 권고하고 싶다.

III

청 · 장년기의 성장을 위한 성공의 법칙에는 무엇이 있는가?

chapter 6

청·장년기를 위한 교훈의
성공 레시피 법칙은 무엇인가?

　우리는 50대를 지천명이라고 한다. 이때는 우리가 하늘의 명령을 깨우치는 때라고 할 수 있다. 본 장에서는 지천명까지의 모든 삶을 살아오면서 깨달은 세상사의 원리와 법칙을 정리하여 여러분이 마음속에 깊이 새겨듣고 참조하여 모두가 성공적으로 살아갈 수 있기를 바라면서 이 글을 쓰고 있다.

　지천명이라는 말은 어쩌면 하늘의 뜻을 읽어서 인생의 삶에 대하여 도(道)가 튼다는 말일지도 모른다. 즉, 모든 인생사의 원리를 모두 깨우쳐서 인생의 도사가 된다고 할 수 있을 것이다. 정치 9단이라는 말이 있는데 이것은 바둑에서 한 수를 놓으면 2수와 3수를 볼 수 있듯이 정치도 2수와 3수를 볼 수 있다는 뜻이라고 생각된다. 이렇게 2수와 3수를 볼 수 있는 인생 9단이 되기 위한 인생사의 원리를 본 장에서는 정리하고 있다.

　이번 장의 내용은 세상사의 당연한 원리이면서도 어떻게 실제로 인생사에 적용되어야 하는지에 대하여 이야기하고 있다. 즉, 내가 인생을 살아오면서 깨달았다고 할 수 있는 인생사 진리의 법칙을 교훈으로 남겨서 여러분에게 전수하고 싶은 내용을 담은 것이다.

이러한 교훈들은 여러분의 인생에 크게 도움이 될 수 있는 것이고, 여러분의 마음속에 깊숙하게 숙지되어 인생을 살아가는 데 실질적인 도움이 될 수 있기를 바란다.

따라서 여러분은 내가 20대부터 50대까지 살아오면서 깨우치고 배웠던 세상사의 원리를 미리 깨우치게 될 것이다. 여러분이 인생 9단이 되어서 성취도 높은 인생을 살아갈 수 있도록 하고 싶은 마음에서 이번 장을 정리하였다.

1
인생은
끊임없는 미로의
최적 조건을 찾아가는
미로 여행이다

인생이란? 우리가 태어나서 살아가는 것이 혼자서 떠나는 미로 여행이라 할 수 있을 것 같다. 인생을 살아가는 것은 자기의 진로를 결정하고 자기의 능력에 맞춰서 최적 조건을 찾아가는 길이 아닌가? 우리가 고등학교에 진학하고, 대학에 진학하여, 전공 분야를 결정하고, 회사를 선택하여야 하며, 배우자를 선택하면서 살아가다 보면 선택과 결정에 의해서 모든 인생의 성패가 결정된다고 할 수 있다. 이렇게 중요한 결정 외에도 우리는 크고 작은 선택과 결정을 반복하면서 살아간다. 이러한 선택을 어떻게 결정하느냐에 따라서 인생의 항로는 상당히 달라지게 된다.

그래서 **인생의 항로에서 선택은 매우 중요한 것이다. 우리가 선택을 어떻게 할 것인가에 따라서 인생의 성패를 좌우하고 불행과**

행복을 넘나드는 중요한 결정을 반복하게 마련이다. 나는 항상 선택에서 약간의 욕심을 부렸다는 생각이 든다. 그리고 그 어려움을 극복하기 위한 끊임없는 식견을 갖기 위하여 노력을 해왔다. 그래서 결정하기 어려운 선택은 나에게 직접적인 이익을 줄 수 있는 것이 무엇인가를 생각해보고 이익이 될 수 있는 쪽으로 결정하는 방법을 선택했다. 항상 과감하게 욕심을 많이 부리며 실용주의자로 살아왔던 것 같다. 우리가 선택을 하는 데 있어서 기본적인 도덕성은 지켜야 되겠지만 그 다음에는 실용성을 따져서 나에게 실질적으로 이익이 되는 방향으로 항상 선택을 하는 것이 좋다. 실용성이 지나치다 싶으면 이기적으로 될 수도 있겠지만 가능하면 지나치지 않은 수준에서 선택을 하면서 살아가야 한다. 그럼 이제는 우리가 인생에서 미지의 항로를 찾아가는 데에 필요로 하는 선택의 방법과 규칙을 설명해 보겠다.

첫째, 선택에는 필요한 정보가 많아야 하지만 넓고 크게 보고, 탁월한 선택을 하는 것도 반복적인 훈련으로 향상될 수가 있다.

둘째, 항상 선택의 결과에 대하여 사후에 비교 평가를 하여야 한다. 탁월한 선택 능력도 사후 평가로 배가될 수 있기 때문에 사후 평가로 선택 능력을 길러서 추후 선택 시에 더 좋은 선택에 도움이 될 수 있도록 하기 위한 것이다.

셋째, 선택에서도 연관된 격언이나 속담이 있는지 살펴보고 있다면 참고해서 선조들의 지혜를 최대한 이용하는 것도 한 방법이다.

넷째, 지피지기면 백전백승이라는 말이 있다. 냉정하게 객관적으로 자기 집안의 DNA와 자신의 DNA를 분석하고 파악하여 자신을 객관적으로 판단하여 성공적인 선택을 하여야 한다.

다섯째, 적기를 놓치지 않는 과감하고 빠른 선택도 매우 중요하다. 이 책에서도 성취해야 할 시기를 놓치지 말자라는 대분류가 있다. 항로의 선택도 때가 지나가면 필요가 없는 선택도 많이 있기 때문이다.

여섯째, 모든 선택의 최종 책임은 내가 져야 한다. 부모님이나 선생님, 그리고 선배나 지인의 도움을 받아서 최종 선택을 결정하게 되지만 내 인생에 대한 최종 책임은 내가 모두 져야 한다는 각오로 신중한 선택을 하여야 한다.

일곱째, 선택에 있어서 때로는 역선택이 성공적일 수도 있다. 이것이 가장 중요한 선택 방법의 코칭인데, 이 인생의 항로에서 역선택을 잘하는 사람이 인생 9단의 고수라고 생각한다. 왜냐하면 보통 사람들은 대부분이 역선택의 효력을 알지 못하기 때문이다. 역선택의 사례는 2장 7절에 자세하게 소개되어 있다.

이렇게 인생의 항로에서 탁월한 선택을 하는 것은 우리가 사회생활을 하는 데 있어서도 매우 중요하다. 조직의 리더로서 내가 잘못된 선택을 했을 경우에 조직의 모든 사람에게 손실을 입힐 수도 있기 때문이다. 이것은 마치 산행을 할 때에도 잘 모르는 갈림길에서 선택이 매우 중요한 것과 같다. 동호회 사람들이 지쳐있는 상태에서 경험과 경륜을 가지고 종합적인 상황의 판단에 의한 선택으로 나중에 회원들이 고생할 수도 있고, 수월하게 최적의 길을 내려올 수도 있기 때문이다.

우리가 선택을 잘하기 위해서는 선택한 결과를 보고 평가해보는 습관을 기르는 것도 중요하다. 왜냐하면 사안에 따라서 탁월한 선택도 중요하지만 때로는 빠른 선택을 원하는 일도 있어서 가능하면 빠른 선택이 좋다. 빠르고 탁월하게 선택하는 방법을 평소에 반복적으로 훈련하고, 그 후에 평가하는 방법으로 선택하는 기술을 훈련하여야 한다.

이렇게 선택하는 기술을 사후에 평가함으로써 탁월한 선택 능력이 길러진다고 할 수 있다. 선택의 결과를 비교 평가한다는 것은 잘못된 선택에 대하여 잘못된 점을 찾아서 역으로 반성함으로써 다시는 그런 실수가 발생하지 않도록 하기 위한 것이다. 이것은 자기의 능력으로 선택에서 볼 수 없었던 내용을 가장 쉽고 빠르게 발견할 수 있게 한다. 또한 가장 빠르게 나의 선택에 대한 약점을 배울 수 있어서 가장 효과적인 선택의 학습 방법이 될 수 있다고 생각한다.

훌륭한 전략가는 2수와 3수를 앞질러서 보고 선택한다고 한다. 여러분들도 내가 여기서 주장하는 탁월한 선택을 위한 학습 방법을 효과적으로 습득하여, 여러분의 인생 항로에 있어서 탁월한 선택으로 만족도 높은 인생 레시피를 만들어서 성취도 높은 인생을 살아가기를 바란다.

2
긍정적인 생각은
꿈이 이루어지도록
만드는 마력이 있다

우리가 일반적으로 막연하게 긍정은 긍정을 부르고, 긍정적으로 살아가면 꿈은 이루어진다고 말한다. 이것은 우리가 인생을 살아가면서 얻은 지혜로서 틀림없이 옳은 말이라고 생각한다. 나도 주변 사람들에게 상당히 긍정적인 마인드를 가지고 살아간다는 말을 많이 듣고 살아가는 편이다. 인생을 매우 적극적이고 열심히 살아가기 때문이라고 생각한다. 긍정은 긍정을 낳으므로 결국 긍정적인 결과가 나온 것이 아닌가 하는 생각이 든다.

나는 중학교 때도 공부를 별로 잘하지 못했다. 그래서 고등학교 입학도 실패하여 재수를 하게 되었으며, 대학에서도 성적이 별로 좋지 않아서 그 많던 장학금도 몇 번 받지 못하고 학교에 다녔다. 그러나 우리 아버지만은 나를 항상 믿어주시고 긍정적으로 평가해

주셨다. 그래서 나도 모르게 아버지의 기대에 부응하기 위해 포기하지 않고 열심히 살아왔다는 생각이 든다. 우리 아버지는 모든 일에 있어서 항상 나에게 긍정적으로 말씀해 주셨다. 우리가 무슨 일이든 긍정적으로 생각하면 더 관심을 가지게 될 것이고, 기대를 저버릴 수가 없기 때문에 그 일에 더 전념하여 열심히 노력하게 된다. 우리가 자식을 부정적으로 나무라면 자식은 자포자기하고 포기하고 만다. 그러나 긍정적으로 이야기한다면 자기도 모르게 그것을 지켜야 한다고 생각하기 때문에 더 열심히 그 일에 더 관심을 가지고 지키려고 노력하는 것이 인간의 심리이다.

우리 시골 마을에는 병하라는 사람이 있었다. 병하는 농사일을 하다가 점심에 콩밥을 먹게 되었는데 마을 사람 중에 한 사람이 놀리기 위해서 "병하는 콩밥을 좋아하지 않아서 안 먹지?"라고 하였단다. 그 사람은 부정하기가 어색하여 엉겁결에 "응"이라 대답했고, 자기도 모르게 그 약속을 지키기 위하여 하루 종일 밥을 먹지 못하고 배고파서 힘들게 일을 하였단다. 하루 종일 밥을 먹지 못하고 농사일을 하였으니 얼마나 배가 고프고 힘이 들었겠는가? 그래서 마을 사람들은 그와 비슷한 사례가 발생하면 '병하는 콩밥을 못 먹는다'고 놀렸고 병하는 웃음거리가 되고 말았다. 이렇게 자기를 칭찬하면 그것을 저버릴 수가 없기 때문에 힘들더라도 그 일에 관심을 가지고 지키려고 노력함으로써 성공할 확률이 높아질 수밖에 없다.

우리가 어떤 일이든 자신을 가지고 그 일을 추진하면 성공할 확률이 높아지게 될 것이고, 성공한다는 자신감이 있으니 더 열심히 노력할 것이며, 따라서 더 성공할 수 있는 것은 당연하다. 나의 경험으로 긍정이 긍정을 낳는다는 말은 우리가 자녀의 교육에서도 반드시 긍정적 마인드로 자녀에게 기대를 저버리지 않도록 하는 것으로 성공적인 자녀의 교육 방법이 될 수 있을 것으로 생각한다. 다시 말하지만 긍정적인 마인드는 그 일에 더 관심을 가지게 되고, 그 일을 성공하기 위하여 더욱 노력하게 된다는 사실이다. 또한 나의 지인이 나를 긍정적으로 좋게 평가해주면 나도 그 기대를 저버릴 수가 없기 때문에 긍정적으로 행동할 수밖에 없게 된다는 이치이다.

살아가다 보면 긍정은 긍정을 부르게 되고, 부정은 부정을 부르게 된다는 것을 흔하게 경험하게 된다. 즉, 긍정은 안 될 일도 되게 한다는 긍정의 힘을 단적으로 보여준다고 할 수 있겠다. 그리고 인간관계에서도 친구를 부정적으로 표현하지 않았는데도 그 친구에게 부정적인 감정이 전달되기도 하는 것을 경험한 적이 있을 것이다.

나는 지인들에게서 상당히 무모한 도전에 자신감이 있고 무모함에도 이상하다 할 정도로 성공한다는 말을 종종 들어 왔다. 여기서 무모한 도전이라고 생각했다는 것은 내가 국회의원에 무모하게 한나라당으로 도전하여 학장까지 된 것처럼 긍정적으로 자신감을 가지고 추진하는 추진력을 평가하는 이야기를 말하지 않나 싶다.

내가 적극적인 성격이다 보니 내가 결정한 일에 자신감을 가지고 도전하여 그런 이야기를 듣게 된 것이라고 생각한다. 그래서인지 나는 추진하는 일이 대부분 성공적이었다. 긍정적 생각은 성공 확률을 높이는 마력이 있기 때문인 것 같기도 하다. 어떤 어려운 일도 긍정적으로 보면 자신감도 생기고 적극성도 생겨서 성공 확률이 더욱 높아진다는 것을 강조하고 싶다. 따라서 여러분들도 인생을 적극적이고 자신감을 가지고 열심히 살아서 성공적인 인생을 살아갈 것을 권고한다.

결국 **인생에서 긍정적이면 긍정을 낳고, 부정적이면 부정을 낳을 수 있다.** 그러므로 여러분들도 인생을 긍정적으로 더 열심히 살아서 긍정적인 결과를 낳을 수 있도록 하고, 적극적으로 살아서 성공적인 마력의 인생 레시피를 만들고 살아갈 수 있기를 바란다.

3
인생의 성공은 노력과 관운이 결합되었을 때 가능하다

우리가 인생을 살다 보면 열심히 노력해도 일이 잘 풀리지 않는 사람이 있고, 큰 노력 없이도 술술 잘 풀리는 듯이 보이는 사람이 있다. 나도 친구에게서 너는 일이 하고 싶은 대로 잘 풀린다는 말을 많이 들었으나 알고 보면 나도 수많은 패배와 좌절을 맛보며 살아왔다. 고등학교 진학에 실패하고 재수를 하였으며, 대학교 진학에도 실패하여 재수를 하였다. 석·박사를 졸업하고, 정보처리기술사 자격을 취득하고도 공모직에 10번 정도는 도전하였으나 실패하였다. 많은 실무 경험을 갖추고 박사 학위까지 받아가며 대학 전임 교수가 되기 위하여 노력하였으나 번번이 실패하였다. 또한 대학에서 한때는 잘나가던 컴퓨터학과의 구조조정으로 퇴출되어 전산감리 회사로 이동하게 되었다.

이렇게 나의 인생에서 실패를 나열하다보니 온통 실패투성이라는 것을 알게 될 것이다. 그러나 긍정적으로 보면 시골에서 태어나서 고등학교를 졸업하고, 시골에서 진학하기 어렵다는 국립대학에 입학하였으며, 대학을 졸업하고 나서는 입사가 어렵다는 국영 대기업에 입사하였으며, 월급을 많이 준다는 고향의 금융 회사에 경력 5년 만에 전산실에서 서열 2번째의 과장 대리로 이동하였다. 그 후 6년 만에 도시가스 회사의 전산실장으로 스카우트되면서 회사를 옮겨 다녔다. 그리고 40살이 넘어서 박사 학위와 기술사 자격을 취득하고, 대학교의 전임 초빙 교수로 이동하였으며, 국립대학의 대학장까지 역임하게 되었다. 이렇게 긍정적으로 보면 엄청나게 출세가도를 달린 것으로 볼 수 있다.

이처럼 긍정적인 면과 부정적인 면을 살펴보면 결론은 나도 달리다 넘어지고, 넘어지면 또다시 일어나고를 반복했다는 것을 알게 된다. 나는 머리도 좋지 않고, 시골 농사꾼의 아들로 태어나서 집안의 출신 성분도 좋지 않았기 때문에 나름대로 힘든 인생을 살았다는 생각이 든다. 나를 알고 있는 후배들이 나에게 해준 이야기 중에서 나의 귀에 들어오는 특징 있는 이야기를 몇 가지 정리해보고자 한다.

첫째는 내가 3번째 직장인 도시가스 전산실장으로 이동하였다는 말을 듣고, 어떤 후배는 나에게 변신의 귀재인 것 같다는 말을 해주었다.

둘째, 내가 대학으로 이동하고, 정보처리기술사 시험에 합격하였다는 말을 듣고, 다른 후배는 형님은 항상 2단계, 3단계의 다음 단계를 준비하면서 사시는 것 같다고 말했다.

셋째는 정치를 하여 대학장으로 이동하니 너의 인생은 네가 하고 싶은 대로 술술 잘 풀리면서 살았다라고 말하는 친구의 이야기를 들었다.

그러나 이런 이야기는 세월이 지난 뒤에 나와 멀리 떨어져서 긍정적인 면만을 보고 하는 이야기라고 할 수 있다. 앞에서 이야기한 것처럼 수많은 시행착오와 실패를 거듭하고 살아왔으며, 앞으로도 나는 인생을 수많은 시행착오와 궤도를 수정하고 개척하면서 살아갈 것이다. 지금도 그렇다. 대학장 임기를 마치고 현재는 실직한 상태지만 나는 지금 다시 일어서기 위하여 이 책을 준비하면서 더 높이 뛰기 위하여 노력하고 있지 않은가?

여러분들도 이 역경을 극복하는 방법을 배우고 익혀서 자기의 인생을 개발하는 요령을 잘 습득하기를 바란다. 지금도 나는 다음 단계 또 그 다음 단계를 준비하면서 살아가고 있다. 이 책에서 준비하고 있는 단계를 여러 가지로 설명하고 있지만 할 수 있는 일이 너무 많다. 우리가 공부를 하면서 일정한 단계에 올라오면 공부하기가 수월하고 할당된 시간 대비 효과가 크게 나온다. 즉, 공부를 일정한 수준으로 올려놓은 사람은 그렇지 않은 사람보다 같은 시간에 2배 이상의 많은 공부의 효과를 볼 수가 있다. 인생도 그런 것 같다. 일정한 단계에 올라오니 할 일이 너무 많다는 것을 알게 되었다. 자신감도 생기는 것 같다.

마지막으로 이 단원의 주제를 설명해야겠다. 내가 살아오면서 넘어지고 일어나고를 반복하면서 살아온 방법에는 내가 할 수 있는 다음 단계를 위하여 사전에 준비를 하는 것이 제일 중요한 방법이다. 오직 기회가 내 앞에 왔을 때 놓치지 않아야 한다는 생각만으로 살아야 한다. 나는 어떤 일을 실패하는 경우에는 긍정적으로 생각하여 더 큰 성공을 위하여 하느님께서 실패하도록 하시고 계신다는 생각으로 살아왔다. 그 사례를 하나 들어 보겠다.

내가 경쟁자들보다 탁월한 자격을 갖추고도 국가의 공모직에 10번을 떨어졌다고 이야기한 적이 있다. 그때 나는 조상신에게 얼마나 높은 직위에 올라가게 하기 위하여 이렇게 시련을 주시느냐고 원망하며 살아왔었다. 그러나 내가 그때 실패하지 않았다면 정치에 입문하지도 않았을 것이다. 만약 그랬다면 차관보급에 해당하는 국립대학장이 될 수 있었겠는가? 그런데 내가 얼마나 높은 직위를 주시려고 그러한 힘든 시련을 주시느냐고 한탄하면서 소원을 빌었던 것과 마찬가지로 정말 상상도 못했던 고위직에 올라가게 되었다. 그때 내가 들어가려고 노력했던 공모직은 4급 전산직 서기관이었다. 이상하게도 내가 우리 조상신에게 빌었던 얼마나 높은 고위직을 주시려고 이렇게 나에게 시련을 주시느냐고 했던 것과 딱 맞아서 현실로 나타나는 것을 보고, 나는 신비하기도 하고 조상신의 깊은 뜻을 몰랐다는 생각이 들었다. 결론적으로 내가 할 수 있는 것은 열심히 노력하고 준비하는 것뿐이다. 그 다음에는 어느 정도 관운이 따라줘야 성공할 수 있다는 것도 무시할 수는 없을 것 같다.

그래서 최선을 다하여 노력하였으나 실패하였을 때 너무 억울해할 필요도 없다는 얘기다. 단지 내가 할 수 있는 일은 다음 단계를 준비해야 하는 것이라고 말하고 싶다. 왜냐하면 관운은 나의 노력으로 바꿀 수 있는 것이 아니기 때문이다. 내가 주장하고 싶은 것은 바로 관운은 하늘이 주는 것이기 때문에 나의 노력으로 수정이 불가능한 부분이 있다는 점이다. 때문에 이번 절에서는 하늘의 뜻에 순응하면서 내가 할 수 있는 일만 열심히 하면서 넘어지면 다시 일어나서 다시 달리는 것이 성공의 지름길이라고 주장한다. 그리고 내가 실패하더라도 너무 억울해하지 말고 다시 시작하자는 의견이다. 내가 잘못해서 실패한 것이 아니기 때문에 크게 실망할 필요도 없이 다시 시작하자는 소신이다.

혹자는 당신이 얼마나 성공했다고 그렇게 도사처럼 너그럽게 말하느냐고 이야기할 수 있을지 모르지만 내가 시골에서 타고난 숟가락에 비하여 국책 대학장까지 된 것으로 볼 때 나름대로 성취도 높은 인생을 살았다고 할 수 있다고 생각한다. 다시 말해서 나는 열심히 노력하였지만 실패한 경우는 더 큰 성공을 위한 하늘의 뜻이라고 생각하며 살아왔다.

즉, 인생은 나의 노력과 관운이 결합되었을 때 성공적으로 이루어진다는 것을 주장하고 싶다. 따라서 실패한다고 너무 실망하지 말고 더 큰 성공을 위한 하늘의 뜻이라고 생각하며 더 높이 날아오르기 위하여 노력하며 살아갈 것을 권하고 싶다. 이것은 모든 인생이 잘되든 잘못되든 긍정적으로 살아야 한다는 것을 의미한다.

    나의 대학원 후배 중에는 요즘 학생 모집이 힘든 사립전문대학의 교수로 가려고 하였으나 실패하여 강사로 지내고 있다가 국립 전주교육대학교의 전임 교수로 채용된 경우가 있다. 이런 경우도 전화위복의 좋은 사례라고 할 수 있다. 이처럼 낮은 직위를 못 가고 실패하여 오히려 더 좋은 직위에 가는 경우는 얼마든지 있다. 따라서 실패한 경우에는 더 큰 성공을 위한 하늘의 뜻이라고 생각하며 때를 기다릴 줄도 알아야 한다고 권고하고 싶다.

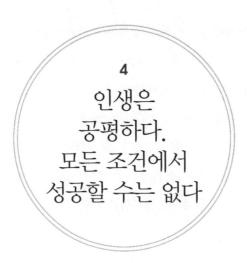

4

인생은 공평하다. 모든 조건에서 성공할 수는 없다

우리가 인생을 살다 보면 누구는 잘나가는데 나는 왜 이렇게도 어려운가 하고 한탄하는 사람들이 많이 있다. 그러나 나의 경험으로는 모든 사람은 공평하다고 생각한다. 올라가는 길이 있으면 반드시 내려가는 길이 있다는 뜻이다. 내가 근무하게 된 도시가스 회사의 전산 시스템은 소프트웨어 용역으로 대기업에서 개발하였으나 업무에 적용하는 단계에서 가동을 하지 못했다. 그때만 해도 우리나라의 소프트웨어 개발 실력이 너무 낮은 수준이어서 대부분의 대기업 시스템도 제대로 운영되지 못하고 있던 때였다. 그래서 나는 이 회사의 시스템 정상화를 목표로 스카우트되었다. 나는 제철소의 대규모의 공정 계획 시뮬레이션 시스템을 개발 운영하였고, 신설 금융사의 설립 시스템을 신규로 개발했던 경험이 있었다. 그래서 도시가스 시스템을 어렵지 않게 정상화할 수 있었다. 그리고 도시가스의 전산실장으로 부임한 후 1년 정도가 지나고는 한가하게 직장 생활을 할 수가 있게 됐다.

그래서 다른 여러 가지 일에 욕심을 내고 살았다. 김대중 정부의 시절에 벤처기업을 만들어야 한다고 부르짖었던 때이다. 나도 정보화 분야의 전문가이며 선두주자로서 벤처기업 하나 정도는 만들어야 하지 않겠느냐고 생각을 했었다. 그래서 나는 한때 4개의 직업을 가지고 살았던 때가 있었다. 첫째 직업으로 아파트 시스템 운영 관리용 소프트웨어를 혼자서 개발하여 용역비로 운영하는 벤처기업을 만들었다. 둘째는 대학의 겸임 교수를 하고 있었다. 셋째는 대학원 석·박사 과정에 재학하고 있었으며. 넷째는 현직인 도시가스에 근무하고 있었다.

그때 나는 한편으로 너무나 잘나가는 것 같아서 약간의 위기감이 느껴졌을 정도였다. 도시가스 시스템이 안정화되고 나서 할 일이 없어 낚시를 다니며 무료하게 시간을 보내던 때에 비하면 너무나도 할 일이 많아진 처지였다. 그때만 해도 젊었지만 여러 가지 일을 동시에 추진할 수 있는 능력을 길러야 한다는 생각으로 멀티태스킹의 역량을 늘리는 훈련을 하면서 살아가던 때였다.

그러던 중 도시가스 회사에서 업무 외에 너무 많은 일을 한다고 경쟁자들의 질투를 받아서 직장에서 실직하게 되었다. 그런데 엎친 데 덮친 격으로 집사람과의 관계도 좋지 않았던 터라 별거를 하게 되었다. 정말 하루아침에 벼랑으로 떨어진 격이었고, 인생은 높이 올라가는 상승세가 있으면 아래로 내려가는 하향세가 있다는 것을 깨우쳤다. 그래서 인생은 공평하다는 생각이 든다.

나는 수학은 적성에 맞아서 혼자서 250본 정도의 소프트웨어 패키지를 개발하여 사업을 할 정도로 자신이 있었다. 그러나 영어 실력은 부족하여 해외 활동에 많은 고전을 하게 되었다. 수학을 잘하는 사람은 어학 능력이 부족하다는 이야기를 들은 적이 있다. 나는 정말 어학 능력이 상당이 둔감한 것인지 몰라도 어학은 아무리 노력하여도 쉽게 향상되지 않는 것 같다.

또 하나의 사례를 들어서 설명하면 여러분들도 말하면 다 알 수 있는 나 모 여성 국회의원이 있다. 나는 그분을 처음 보았을 때 '어떻게 모든 것을 다 갖추고 태어났을까? 참 세상은 불공평하구나.'라는 생각이 저절로 들었다. 그분은 예쁘고, 머리도 좋고, 말도 잘하고, 서울대 출신에 사법시험에도 합격하였으며, 국회의원도 되었다. 정말 '어떻게 저렇게 모든 것을 다 가지고 태어났을까'라고 질투심이 생길 정도였다. 아마 대부분의 사람들이 그분을 보며 그런 생각을 했을 거라고 믿는다.

나중에 알게 된 일이지만 그분이 다운증후군의 자녀를 두고 있다는 사실을 접했다. 그때 크게 느낀 점이 있었다. 정말 세상은 공평하다는 생각이 들었다. 산에서 골이 깊으면 능선도 높다는 이야기가 이러한 세상의 공평함을 뜻하는 원리라고 생각된다. 성공적인 일이 있으면 실패한 일도 있다는 것을 알고서 세상의 공평함을 믿으면서 너무 크게 실망하지 말고 세상의 원리에 순응하며 살아갈 것을 권고한다. 사람은 누구나 다른 사람이 갖지 못한 자신만의 탁월한 능력을 가지고 태어난다는 것을 이야기하고 싶다. '나는 왜 이리 잘되는 일이 없는가?' 혹은 '나는 별로 남보다 잘하는 것이 없는 것 같다'든가 혹은 '나는 왜?'하고 열등의식을 가지고 사는 사람이 있다. 그러나 가만히 생각해보면 나도 분명 잘하는 것이 있다는 것을 발견할 수 있을 것이다. 왜냐하면 자동차 운전에도 적성이 맞는 사람이 있기 때문이다.

나는 운전을 잘 못한다. 그래서 운전을 조심스럽게 하기 위하여 매우 느리게 운전하는데도 항상 차에 접촉사고 흔적이 많이 있다. 그리고 밤에는 운전을 더욱 못하는데 운전만 하면 졸리기 때문이다. 나는 30년 넘게 승용차를 운전하고 있지만 지금도 운전에는 자신이 없다. 그렇게도 운전을 조심스럽게 하는데도 지금도 한 달에 한 번은 과속 범칙금이 나온다. 왜냐하면 60km 제한 도로에서도 무의식적으로 속도를 줄이지 않고 둔감하여 80km 속도로 그대로 달리기 때문이다. 이렇듯 나는 일반적으로 누구나 할 수 있는 운전을 잘 못한다.

나는 살아가다가 아무리 할 일이 없어도 영업용 택시 운전은 절대로 할 수 없을 것이라는 생각을 했다. 그래서 모든 사람은 자기만의 탁월한 능력을 가지고 태어나기 때문에 인생은 공평하다고 생각하며 살아가고 있다. 학교 다닐 때도 어떤 사람은 지리를 잘하는 사람이 있는가 하면 어떤 사람은 영어만 잘하고, 어떤 사람은 수학만 잘하는 사람이 있다.

즉, 모든 사람은 누구나 타고난 탁월한 장점을 가지고 태어난다. 그래서 모든 사람의 인생은 공평하다고 생각한다. 타고난 탁월한 자기의 장점을 발굴하여 성공적인 인생을 살아갈 수 있도록 노력하는 것이 성취도 높은 인생을 살아갈 수 있는 인생의 지름길이라고 주장한다.

이처럼 인생은 공평하게 태어나고 공평한 기회가 주어지므로 자신의 장점을 살려 성취도 높은 인생을 살아갈 수 있도록 노력하자고 요청한다. 즉, 인생은 부정적으로 보면 한없이 부정적으로 나타나고, 긍정적으로 보면 한없이 긍정적으로 나타난다는 것을 인식하고 나도 잘할 수 있다는 자신감을 가지고 열심히 최선을 다하여 공평한 인생을 성공적으로 개척하며 살아갈 것을 권고한다.

5

남들이 시장에 가면 나도 따라갈 것인가?

우리가 인생을 살아가는 데 있어서 만약 사람들이 우르르 시장에 가면, 나도 따라서 시장으로 발걸음을 옮겨야 할 것인가라는 의문이 생긴다. 그러나 일반적으로 다수가 시장에 가면 나도 따라서 시장으로 발걸음을 옮겨야 한다는 결론을 내렸다. 왜냐하면 다른 모든 다수의 사람들이 나만 모르는 정보를 가지고 시장에 가고 있을 수도 있기 때문이다. 예를 들어서 이번 장날에 주꾸미가 엄청 잡혀서 아주 싸게 세일을 한다는 소문을 듣고 모든 사람들이 시장에 가고, 나만 그 정보를 모르고 시장에 가지 못했다면 나만 횡재를 놓칠 수 있기 때문이다. 많은 사람이 시장에 가는 데는 반드시 이유가 있다. 같이 따라간다고 해서 나에게도 그렇게 큰 손해는 없을 것이다. 왜냐하면 시간을 그리 많이 소비하지도 않을 것이고 같이 어우러져서 친분을 쌓을 수도 있을 것이며, 모두가 함께 어우러져서 살아가는 것이 인생사라고 생각하기 때문이다.

학교에 다닐 때는 공부를 중간 정도 하기가 그리 어렵지 않다고 흔히 생각할 수도 있지만 이것은 한 가지 팩터를 가지고 중간 정도를 할 수 있을 때의 이야기다.

나는 언제부터인가 인생을 가능하면 중간만 따라가면서 살자는 목표를 세우게 되었다. 그러나 중간도 너무 어렵다는 것을 알게 되었다. 예를 들면 학교 성적도 중간을 해야 하고, 대학교도 중류 대학은 다녀야 하고, 결혼도 다른 사람들의 평균 나이에 해야 하고, 재산도 평균 정도는 벌어야 되고, 회사도 중간 정도의 규모의 좋은 회사를 다녀야 하고, 부모님도 평범하게 평균 나이는 사셔야 하고, 자식도 평범하게 남녀 두 명 정도는 낳아야 하고, 가족들이 평균적으로 교통사고도 당하지 않아야 되고, 평균적으로 암을 비롯한 질병에 걸리지 않아야 된다. 그것이 어디 그리 쉬운 일인가?

이제는 여러분들도 평균으로 살아간다는 것이 얼마나 힘든 일인가를 알게 되었다. 그래서 나는 모든 일에서 평균만 하면 행복하다고 생각하게 되었으며, 그러다 보니 나는 중간주의자가 되어 버렸다. 이런 개념으로 대다수의 사람이 시장에 가면 나도 시장에 가야 한다는 개념을 가지고 살아가게 되었다. 또한 우리가 살아가는 데 있어서 혼자 독특한 삶을 살아가는 것보다는 함께 어울려서 살아가야 한다는 개념으로 남이 시장에 가면 나도 따라서 시장에 가야 한다는 개념을 정리하고 싶다.

내 친구 중에는 학생 시절에 열심히 학생운동을 하면서 학창시절을 보낸 친구가 있다. 얼마나 정의로운 사람인가. 정의를 위하여 자신을 희생시키고 민주화를 이룩하려는 거룩한 희생정신을 우리는 존경하고 동경한다. 그러나 그 친구는 정상적인 사회생활도 못 하고 회사도 정상적으로 다니지 못했으며 일찍 직장 생활을 중단하고 개인 사업을 하면서 힘들게 살아가는 것을 보아왔다.

즉, 이렇게 직장에서 노조 활동을 열심히 한다든가 정의로운 학생 운동으로 나를 희생한다거나 나의 가족을 희생시키는 삶은 인생관에 따라서 다르다고 말할 수도 있다. 그러나 나 혼자만 희생하는 것이 아닌 가족이나 주변 친구에게까지 피해를 입힌다면 과연 그 무엇이 옳은 것인지 생각해 볼 일이다. 따라서 인생에서 객관적으로 앞서가기 위해서는 기왕이면 서로 어우러져서 행복하게 살아야 한다는 것을 주장하고 싶다. 이렇게 회사에서도 부하 직원들과 잘 어울리고 화합하는 사람이 상사 직원도 잘 모시고 화합할 수 있으며, 그런 회사원이 나중에 임원의 자격을 가질 수 있다. 어떤 일에 부정적이고 비판적인 사람은 모든 일에서도 항상 비주류로 남게 되고, 사회적으로도 성공하지 못하는 사례를 많이 보아 왔다. 그래서 나는 항상 모든 사람이 함께 어울릴 줄 아는 사람이 사회적으로도 존경받게 되고, 성공적인 사회생활을 할 수 있다는 것을 이야기하고 싶다. 이렇게 주변 사람들과 어우러져서 남이 시장에 가면 나도 시장에 가야 한다는 이야기로 표현하고 있다.

즉, 순리대로 인생을 살아야지 독특한 자기만의 지나친 진보적인 개혁으로 보통 사람들과 맞지 않는 주장을 하여 화합에 저해가 되는 삶을 살아가는 것이 정답은 아니라고 주장한다. 따라서 **항상 나만 잘났다고 주장하면 많은 적이 생겨서 결정적일 때 모두가 등을 돌리게 된다는 것을 경험하게 될 것이고, 인생에 실패하여 결국에는 실패의 쓴맛을 보게 될 것이며, 큰 손해를 보게 된다는 것**을 키워드로 주장하고 싶다. 따라서 원만하게 모든 사람들과 함께 어우러져서 보통 사람으로 인생을 순리대로 살아가는 것이 인생의 순리이며 정도라고 권고하고 싶다.

6
인간의
DNA는 있지만
개천에서
용은 나올 수 있다

인생의 성공에 있어서 인간의 DNA는 반드시 있다고 말할 수 있다. 내 친구 중에는 아버지가 초등학교 기능직에서 초등학교 선생님이 된 경우가 있다. 그래서인지 아들도 지방 3류 대학을 졸업하였으나 늦게까지 열심히 공부를 하여 서울에 있는 국립대학의 교수가 되었다. 또한 아들도 공부를 중간도 못 해서 미국으로 조기 유학을 보냈다. 그런데 미국에 가서 고등학교를 마치고 주립 대학을 졸업하여 지금은 국내에 들어와서 서울대 대학원에 다니고 있다. 이렇게 3대에 걸쳐서 역전에 성공하는 사례는 이해가 어렵지만 DNA의 특성이 있는 것이 분명하다.

또 다른 지인은 아버지가 교수 출신이지만 회사에 다니다가 잘 적응하지 못하고 고향에 내려와서 학교를 전전하다가 할 일을 찾지 못해서 힘들게 지방대 대학원에 입학하고, 박사학위를 받아서 자기보다 공부를 잘하던 사람을 제치고 남들보다 먼저 교수가 된 경우가 있다.

이러한 두 가지의 사례는 그 원인을 발견하기가 어려운 사례라고 생각된다. 그러나 이것도 분명히 DNA가 있어서 그 유전자를 물려받은 것만은 분명하다고 말할 수 있다. 아마도 이것은 공부를 잘하는 것과는 관계가 없는 DNA의 특성이라고 말할 수 있을 것 같다.

그리고 아버지가 암으로 60대에 돌아가셨다면 아들도 60대에 암에 걸려서 죽을 확률이 높은 것과 같은 현상이다. 아버지가 선생님이었다면 자식도 선생님이 될 수 있는 성향의 DNA를 가지고 있다고 말할 수 있다. 나의 경험으로 보았을 때 90%는 부모의 DNA를 가지고 태어나는 것 같다. 아버지가 술을 잘 먹고 주정뱅이로 살아가는 집안은 자식들도 술주정뱅이로 살아갈 확률이 높다. 아버지가 재산을 엄청 불려서 부자가 되었다면 자식도 자산을 엄청 불려서 부자가 될 수 있는 DNA를 가지고 태어난다는 뜻이다. 그러므로 가능하면 부모님의 적성을 참조하여 삶을 살아가는 것이 성공할 확률이 높은 것과 같다.

그러나 여러 사람들을 벤치마킹하여 보면서 가끔은 돌연변이도 있다는 것을 깨달았다. 따라서 개천에서도 가끔씩은 용이 나올 수는 있다는 결론을 얻을 수 있다. 그러나 개천에서 용이 나올 확률은 극히 낮다고 할 수 있으며, 이러한 경험을 토대로 인생의 항로를 결정한다면 성공적인 인생을 살아갈 수 있지 않을까 싶다. 물론 부모님이 건강하시고 장수하시는 집안은 DNA가 건강 체질로 태어나기 때문이라고 말할 수 있겠지만 앞에서 실례로 들었던 공부도 잘하지 못했던 사람이 부모의 DNA를 물려받아서 상당히 출세하는 현상은 이해하기가 힘들지만 나는 많은 사람이 그렇게 성공하여 살아가는 것을 볼 수 있었다. 물론 공부를 잘하지 못했어도 EQ가 좋아서 사회생활에서 잘 극복하고 살아가는 경우라고 생각되지만 그것도 부모의 인자를 타고난다고 볼 수 있다. 그러나 가끔씩은 부모의 인자를 극복하고 돌연변이가 발생하여 부모님과는 다르게 출세하는 경우도 있으므로 개천에서 용이 나올 수 있다고 말할 수 있다. 아마 이것이 타고난 인간의 적성인지도 모르겠다. 그래서 자기의 적성을 찾아내기 위하여 노력하고 할아버지로부터 아버지, 그리고 자기 자신까지 무엇을 잘하는지 자기 집안만의 특성을 찾아보고, 할아버지와 아버지로부터 조상들의 장점을 찾아내서 우리 집안의 적성을 발굴하여 그쪽 방향으로 초점을 맞춰서 인생을 살아가면 그쪽 분야로 성공 확률이 높다는 것을 알려주고 싶다.

우리 속담에 '왕대밭에서 왕대가 나온다.'라는 말이 있다. 즉, 이것은 인간의 DNA가 존재한다는 것을 말해주는 속담이라고 말할 수 있다. 여러분에게 맞는 적성이나 우리 집안에 대대로 내려오는 적성을 찾아서 인생을 성공적으로 살아갈 수 있기를 권유하고 싶다. 나의 경험으로 인간 DNA는 반드시 존재한다고 말할 수 있다. 그러므로 **나의 인간 DNA를 찾아서 살아갈 것을 권하고, 개천에서 용도**

나올 수 있으니 나에게 용이 될 수 있는 길이 내 운명에 닥쳐온다면 반드시 잡아야 한다고 주장한다.

7
건강이
인생 마라톤에서
경쟁력이다

인생을 살아간다는 것은 인간과 인간이 함께 살아가는 끝없는 생존 경쟁의 연속이다. 요즘은 인간의 생산적인 나이가 60~70대라고 말할 수 있을 것 같다. 어떻게 생산적인 나이가 70대까지냐고 반문하는 사람이 있을 수도 있지만 10대에서 70대까지라고 주장하고 싶다. 왜냐하면 어떤 사람은 50대로 인생의 생산적인 생활을 마감하는 사람이 있는가 하면, 70대까지도 왕성하게 생산적인 활동을 하면서 살아가는 사람이 많이 있기 때문이다. 내가 알고 있는 선배 중에는 70대에도 굉장히 경쟁력 있게 살아가시는 분이 있다. 그리고 71세에 자치단체장으로 당선되신 분도 있다. 내가 알기로는 그분은 육사 출신이고 정말 열심히 왕성하게 건강관리를 잘하시는 분이다.

또 다른 한 분은 학원 재단의 이사장이신데 76세의 연세에도 교육감에 출마하실 정도로 왕성하게 활동하시는 분이다. 그분은 칠순이 넘은 연세에도 불구하고 업무를 추진함에 있어서 대단한 지구력과 열의를 가지고 있다. 그분은 칠순이 넘어서 팔순이 가까운 연세에도 불구하고 국립대학의 박사 과정에 입학하여 박사 과정을 이수하시고, 직접 일선 고교를 돌아다니시며 논문을 위한 질문지를 받으시고 통계를 내어 직접 논문을 작성하여 박사 학위를 받으시는 것을 보고 존경심과 인내심을 배워야겠다는 생각이 저절로 생겼다.

나는 성공적인 삶을 살아가시는 분들을 보게 되면 좋은 점을 배우기 위하여 그분의 어떤 부분이 보통 사람들과 다른지 살펴보고 성공 기법을 벤치마킹해야 한다고 했었다. 그 결과 그분들은 건강 관리를 위한 운동과 일에 대한 열의가 대단하시다는 것을 발견할 수 있었다. 그래서 건강이 기나긴 인생의 마라톤에서 곧 나의 경쟁이라는 생각을 하게 되었고, 나도 50대가 되어서는 등산을 열심히 하면서 나의 건강 경쟁력을 길러 나가려고 노력하고 있다.

우리가 회사에서 직무를 수행할 때 건강의 컨디션에 따라서 건강이 양호할 때와 별로 좋지 않을 때의 차이가 확연하게 드러난다. 건강이 좋은 때는 똑같은 사안을 가지고도 긍정적인 결론이 나올 것 같이 생각되지만 컨디션이 별로 좋지 않을 때는 부정적인 결론이 나올 것 같다는 불안한 생각을 하게 되기도 한다. 여러분들도 실제로 직무를 수행함에 있어서 건강 상태가 양호한 때와 양호하지 않은 때에 그 사안이 긍정적인지 또는 부정적인지를 비교 평가하여 살펴보기 바란다. 여러분들도 건강 상태에 따라서 확연하게 차이가 있음을 발견하게 될 것이다.

건강 상태가 좋지 않으면 모든 일에 대한 열의가 떨어지고 일에 대한 지구력도 현저하게 떨어진다는 것도 알게 된다. 특히, 50대가 넘으면 이러한 현상이 두드러짐을 발견하게 될 것이다.

따라서 인생의 왕성한 경쟁력을 가지고 롱런하기를 원하는 사람들은 건강이 바로 경쟁력이라는 생각을 가지고 건강을 지키기 위하여 열심히 노력하기를 바란다. 이 책에서 50대의 장년기에 웰빙 생활을 주장하는 것도 건강의 경쟁력을 갖추기 위해 웰빙 생활로 엔도르핀을 많이 생성하여 자신의 건강 경쟁력을 길러야 성취도 높은 인생을 살아갈 수 있다고 판단했기 때문이다. **40대 이상이 되면 건강이 곧 나의 경쟁력이라 생각하고 건강관리에 최선을 다하여 인생의 경쟁력을 갖추고 롱런하기 위한 성공적인 인생 레시피를 만들어 나갈 것을 권고한다.**

특히, 50대가 넘어가게 되면 건강이 가장 중요한 사회생활의 경쟁력이라고 주장하고 싶다. 60대가 되어서도 경쟁력 있게 현직에서 일하는 사람들을 살펴보게 되면 대부분의 사람들이 공통적으로 왕성하게 건강을 지키고 살아간다는 것을 발견하게 되었다. 따라서 건강을 지키는 것이 가장 중요하고 인생역전을 위한 경쟁력이라고 주장하고 싶다. 따라서 여러분들도 나이가 들어가면 건강이 가장 중요한 자기의 경쟁력이라고 생각하고 젊었을 때부터 건강 경쟁력을 기르기 위하여 노력하면서 살아갈 것을 권고한다.

8

인맥은
인생에서
성공의 거름이다

나는 지금까지 살아오면서 시골 출신이고 공부도 잘하지 못하여 지연도 학연도 좋지 못하다고 생각하며 살아 왔다. 그러나 이 책을 써내려가기 위해서 나의 인생을 살펴보니 인맥이 나의 인생에 너무나 많은 영향을 미쳤다는 것을 알게 되었다. 나의 삶을 가만히 살펴보니 인생의 중요한 기점에는 모두가 인맥의 도움이 있었다는 것을 알게 되었다.

앞서 이야기했지만 대학을 졸업하고 첫 직장을 잡게 된 것도 인정 많은 지도 교수님을 만나서 면접시험에 합격하기 위한 결정적인 총장 추천서를 받은 덕분이었다. 그리고 첫 직장을 옮길 때도 대학 선배의 요청에 의해서 금융 회사로 옮기게 되었으며, 세 번째 직장인 도시가스 회사로 옮길 때도 지인의 소개로 도시가스의 전산실장으로 추천을 받아서 옮기게 된 것이었다. 그리고 대학의 겸임 교수로 강의를 시작하게 된 것도 대학 후배의 추천을 통해 시작한 것이었다. 또한 나의 이력서에 많은 이력을 추가하게 된 국제 표준화 활동을 하게 된 것도 친구의 소개와 협조로 이루어졌다. 그리고 정보처리 기술사 출제 위원과 면접 위원으로 활동하게 된 것도 선배 교수님의 추천으로 이루어졌다. 그 후 정치에 입문하게 된 것도 지도 교수님을 통하여 이루어졌다. 대학의 학장으로 가게 된 것도 동료 정치인의 추천으로 이루어졌다. 그리고 이 책을 쓰게 된 동기도 지인의 초청 강의 덕분이라고 생각된다.

이 내용을 보면 학교를 졸업한 뒤에는 나의 모든 인생 경로가 대부분 지인들의 인맥에 의해서 이루어졌다는 것을 지금에야 더욱 절실하게 깨닫게 되었다. 인맥이 중요하다고는 생각했지만 이렇게 내 인생이 인맥에 의해서 이루어지고 있다는 것은 새로운 발견이었다. 나의 인생이 나의 노력과 능력에 의해서 이루어졌다고 생각하며 살아왔기 때문이다. 그러나 나의 인생 경로가 모두 지인들의 인맥에 의해서 바뀌게 되고 연결되었다는 것을 발견하게 되었다.

이쯤이면 인맥의 중요성에 대하여 더 이상의 설명이 필요가 없으리라고 생각한다. 나는 출신 집안도 좋지 않고, 학연도 좋지 않아서 인맥이 없다고 생각하며 살아왔는데 나의 인생의 대부분이 인맥으로 이루어졌다니 정말 놀라운 일이라고 생각된다.

인맥은 또한 사회생활에 있어서도 너무 중요하다. 그래서 독자들에게 인맥의 형성은 인생에 있어서 매우 중요하기 때문에 자기의 인생을 폭넓고 화려하게 꾸며줄 수 있는 필요조건이라고 말하고 싶다. 나도 평소에 인맥이 자산이라고 말하고 살아가고 있었지만 나의 인생을 살펴보니 나의 능력도 중요하지만 이것을 풀어줄 수 있는 자산은 인맥이라는 생각이 든다.

따라서 여러분들도 인맥의 중요성을 깨닫고 인맥을 넓힐 수 있도록 노력하고, 사람과의 관계를 좋은 관계로 형성하여 성공적인 인생을 만들어 갈 수 있도록 노력하면서 살아가야 한다. 정치에 개입하여 열심히 대선에 참여했지만 노력의 결과를 맺는 사람이 있는가 하면 너무나 많은 자기의 돈을 정치 자금으로 기부하고도 그 결과를 얻지 못하고 공직에 진출하지 못한 사람도 많이 있다는 것을 보게 되었다. 이것은 인맥의 관계 형성에서 실패했거나 신뢰의 부족이라고 생각된다. 즉, 내가 웰빙을 위하여 낚시로 많은 고기를 잡았을 때도 남아도 주고 싶지 않은 사람이 있는가 하면, 모자라도 나눠 먹고 싶은 사람이 있다고 말한 적이 있다. 여러분은 반드시 나눠먹고 싶은 사람이 될 수 있기를 바란다.

결론적으로 인생의 성공과 실패가 인맥의 형성에 많은 영향을 받는다는 것은 확실하다고 말할 수 있을 것 같다. 우리가 금융적으로도 사기를 당하는 경우가 있는데 이것도 지인들이며 가장 가까운 인맥에서 이루어진다는 것을 알 수 있다. 따라서 인맥이 인생에 있어서 가장 중요하고 큰 자산이므로 좋은 인맥을 형성하고 관리하여 인생이 성공적으로 이루어질 수 있도록 인맥을 넓히고, 인맥이 자산이라고 생각하며 살아간다면 성공적인 인생을 살아가는 데 크게 도움이 되리라고 믿는다.

즉, **나의 인생이 원활하고 왕성하게 성장할 수 있도록 꾸며주는 것이 인맥이며 인생을 성공적으로 이끌어 줄 수 있는 밑바탕의 거름이 인맥이라고 생각한다.** 따라서 여러분들도 이러한 인맥의 거름을 잘 가꾸어서 성공적인 인생의 레시피가 만들어질 수 있도록 노력하며 살아갈 것을 권고한다.

chapter 7

청·장년기에 마음을 다스려야 할
성공 인생 레시피는 무엇인가?

　우리가 성공적인 인생을 살아가기 위해서는 나의 마음을 추스르고 다스리는 것이 매우 중요하다고 생각한다. 50대의 지천명을 살아오면서 터득한 삶의 방법론에서 인생에 있어 가장 중요한 것은 자기의 마음을 스스로 다스리고 품격을 갖추는 일이었다. 그래서 이번 장에서는 마음을 다스리고 내 마음의 정신력을 개조하여 관리해야 할 레시피에 대하여 논하고자 한다.

　즉, 성공적인 인생을 만들어가기 위하여 자기의 인격을 수양하기 위한 요소들을 뽑아서 성공적인 레시피를 이룩할 수 있도록 하는 중요한 내용을 설명하려고 한다. 그로 인해 나의 품격을 높일 수 있고 존경받는 동료나 상사로서 성공적인 인생 레시피가 만들어 질 수 있을 것으로 생각된다. 이번 장에서 제시하고 있는 인생 레시피는 내가 스스로 인격을 수양하는 팩터이므로 혼자서도 열심히 노력하면 달성할 수 있는 요인이다. 그러나 마음을 다스려야 하는 인격의 수양은 가장 어렵고 중요한 레시피라고 생각되며, 성공적인 인생을 개척하기 위해서는 기본적으로 갖추어야 할 성공 덕목이라고 생각된다. 따라서 마인드 컨트롤을 통하여 절제와 마음의 수양을 갖추어감으로써 성공적인 인생 레시피가 만들어지도록 노력할 것을 권고한다.

1
감정을 다스리는
방법을 배워라

인간관계의 삶에 있어서 경쟁력을 기르기 위해서는 자신의 감정을 컨트롤하는 것이 매우 중요하다. 나의 경우 어려운 일이나 고민이 있을 때 얼굴의 표정에서 그 감정이 확연하게 나타난다고 한다. 이것은 나의 약점을 상대방에게 확연하게 보이고 있다는 의미다. 따라서 심리전에서 백전백패를 나타낸다고 할 수 있다. 그러나 어떤 사람은 대화 중에도 항상 무표정하고 상대방이 무슨 생각을 하는지 도대체 알아차리기가 어려운 사람이 있다. 이렇게 대인 관계에서 슬픈 일이나 기분 나쁜 일이 있을 때 밖으로 표출하지 않고 감정을 숨길 수 있는 것이 유리한 경우가 많이 있지만 그 감정을 숨기는 것은 그렇게 쉽지 않다. 또한 비즈니스상의 거래처나 상대방과의 대화를 할 때도 나의 감정이 나타나지 않고 태연하게 상대방이 알아차리지 못하도록 숨기는 것이 필요하다. 그래서 우리는 나의 감정을 숨기고 노출하지 않는 방법을 훈련하여야 한다. 나의 마음을 다스려서 나의 전략을 노출하지 않는 것이 협상이나 거래에서 유리한 조건을 점할 수 있기 때문이다. 우리가 감정을 자제하지 못하고 주변 사람이나 자신에게 손해를 끼치는 사례를 들어서 설명해 보겠다.

첫째는 어떤 일 때문에 화가 치밀어 오르는 일이 있다면 그 감정을 자제하는 것도 매우 중요하다. 일반적으로 보통 사람들은 화를 참지 못하고 싸우는 경우가 많다. 어떤 뉴스에서는 자동차 운전에서 앞지르기를 경쟁하는 가운데 교통사고를 일으켜서 사망에까지 이르는 경우를 보았다. 이것은 자기의 감정을 순간적으로 억제하지 못하여 목숨과 바꾼 경우라고 할 수 있겠다. 요즘은 특히 조금만 감정을 억제하면 별거 아닌 것을 가지고 감정을 억제하지 못하는 사람들이 많은 것 같다.

나도 자동차를 운전하다 그런 일을 당한 경우가 있었다. 나는 시내에서 그 차가 멀리 있어서 충분히 진입해도 가능하다고 생각하고 진입하였었다. 그러나 자신이 엄청 빠르게 달려온 것은 생각하지 않고 빵빵거리며 내 앞에 와서 길을 가로막고 차를 멈추고, 그래도 참지 못하여 차에서 내리더니 내 차 앞에 와서 문을 닫고 욕을 해대는 것이다. 나도 몹시 화가 치밀어서 나가려고 했더니 문을 가로막고 나오지 못하게 욕하면서 그 젊은 운전자는 내 차의 앞문을 발로 차더니 급하게 도망을 가버렸다. 경찰서에 신고를 할까 망설였지만 조금 더 생각을 해보니 인간성이 낮은 수준의 그런 사람과 똑같이 행동한다면 나도 마찬가지 인생이라는 생각이 들었다. 그리고 신고를 할 경우에 별거 아닌 일로 경찰서에 가서 조사를 받는 등의 많은 시간을 소비하는 것이 더 손해라는 생각이 들었다. 그때는 몹시 화난 나의 감정을 조절하기 위하여 차를 한쪽에 주차하고 감정을 삭이고 쉬었다가 운전을 해야 했다.

그러나 요즘 사람들은 화를 자제하지 못하고 살인까지 저지르는 경우가 뉴스에 나오는데 자기의 감정을 자제하는 것도 자기 인격 수양의 중요한 능력이고, 자제력을 기르는 훈련과 연습으로 그 역량을 기르는 것도 필요할 것 같다. 부부간의 싸움에서도 조그마한 일로 시작하여 싸우고 큰 싸움으로 가족들의 마음을 아프게 하는 경우가 종종 있다. 이것은 자기의 인격 수양이 미흡한 경우라는 것을 인식하고 자신의 마음을 다스려서 스스로의 품격을 높일 수 있는 인격을 수양하여 자신의 체통을 지킬 수 있도록 노력하여야 할 것이다.

둘째는 아침에 부부간의 불화로 몹시 화가 난 회사의 부장님이 회사에서 분을 삭이지 못하고 죄 없는 과장에게 업무상 평계를 삼아서 꾸짖는 경우가 있다. 그러면 부서장 미팅이 끝나고 과장은 과원과의 미팅에서 괜히 과원들을 트집 잡아 나무라게 된다. 결론적으로 부장님의 부부싸움이 죄도 없는 회사원에게까지 영향을 미쳐서 사무실의 분위기를 망치는 결과를 낳는다. 이렇게 자기의 감정을 다스리지 못하고 다른 사람에게까지 전달하는 사람이 되어서는 안 된다. 아무리 상사라도 부하 직원에게 감정을 다스리지 못하고 전달하는 사람은 언젠가는 되돌려 받게 된다. 부장으로서 자기감정을 다스리지 못한다는 것은 소문을 타고 흘러서 부장의 품위를 손상시키게 될 것이고 장기적으로는 임원으로의 승진에도 영향을 미치게 될 것이고 부하들의 존경심도 받지 못할 것이기 때문이다. 이와 같이 감정을 다스리지 못하고 감정을 전달하는 사람이 되어서는 안 된다.

따라서 우리는 스스로 자기의 마음을 다스리는 훈련과 연습을 통하여 자기의 품격을 갖추도록 노력하여야 한다. 자신의 감정을 스스로 다스릴 줄 아는 것은 품위가 있는 간부로서 또는 자상한 리더로서 성장할 수 있는 요건이다. **자신의 감정을 자제하고 잘 다스려서 자신과 주변 사람을 행복하게 살아갈 수 있도록 하는 사람이 훌륭한 자질을 갖춘 품격 있는 리더가 될 수 있고, 성공적인 인생을 살아갈 수 있을 것이다.**

2
인생은
삼세판이다.
실패에
의기소침하지 말자

인생을 살아가다 보면 도전과 실패를 거듭하게 된다. 그리고 우리는 흔히 살아가는 것이 성공보다는 실패를 더 많이 하고 살아간다고 말하고 싶다. 그래서 우리는 실패에 익숙해지고 가끔씩 오는 성공에 희망을 걸고 살아가야 한다. 나는 왜 이렇게 실패만 하고 살아가야 하는가 하고 절망을 하면서 살아가는 사람이 많은데, 인생이란 원래 실패는 당연한 것이고 가끔씩 성공을 기대하며 살아가야 하는 것에 익숙해야 한다고 주장하고 싶다.

벤처 기업의 성공 확률이 3~4%라고 한다. 이것만 봐도 성공보다는 실패가 당연한 것이라고 생각해야 한다는 것을 알 수가 있다. 그러면 축구선수 박지성이 뛰었던 영국의 맨체스터 유나이티드의 구단주인 "스티븐 비게라"의 일생을 설명하지 않을 수가 없다. 이 사람의 인생을 살펴보면 우리가 그렇게 낙심만 하고 살 것은 아니라는 생각이 든다. 그럼 힘든 인생을 살았던 영국의 "스티븐 비게라"의 일생을 자세히 살펴보자.

- 20세: 아스날 프로축구 클럽에 유소년으로 발탁
- 21세: 부모님 사망
- 22세: 경기 중에 갈비뼈 골절
- 23세: 하늘에서 벼락 맞음
- 25세: 재기
- 26세: 결혼
- 27세: 곧바로 이혼
- 28세: 형제의 죽음
- 29세: 보증을 잘못 서서 쫄딱 망함
- 30세: 폐암 진단 받음
- 31세: 폐암이 완치됨
- 32세: 선수 복귀
- 33세: 계단에서 굴러 두개골 파손
- 34세: 왼쪽 손목에 총 맞음
- 36세: 막바지 선수 생활 중 인대 절단됨
- 38세: 은퇴
- 39세: 코치 생활
- 40세: 폐암 재발
- 44세: 폐암 완치

- 45세: 감독 생활

- 46세: 식중독으로 고생

- 47세: 벼락을 또 맞음

- 49세: 집에 큰 불 화재

- 50세: 감독직 해고당함

- 51세: 노숙자 생활 시작

- 52세: 노숙자 생활 중 억울한 누명을 쓰고 살인 혐의로 징역 10년 선고

- 62세: 출소

- 63세: 조그마한 인쇄소 공장에 취직

- 66세: 인쇄소 사장이 됨. 큰돈을 벌어 갑부가 됨

- 67세: 사회에 재산 헌납

- 70세: 명예퇴직

- 71세: 늦깎이 재혼

- 73세: 박지성이 뛰었던 축구의 명문 구단 맨체스터 유나이티드의 구단주가 됨

- 74세: 폐암으로 사망

이 인생사의 주인공이 바로 맨체스터 유나이티드의 구단주인 "스티븐 비게라Steven Bigera"라는 영국인의 일생이다. 이 사례를 살펴보면 스티븐 비게라는 62세까지 실패와 시련만 경험하면서 살았다는 것을 알 수 있다.

스티븐 비게라의 인생을 살펴보면 20대에 부모도 형제도 일찍 잃

어버리고 결혼도 실패하여 정말 외롭고 불행한 인생을 살았다는 생각이 든다. 그러나 고희가 지난 나이인 71세에 재혼을 하고, 73세에 세계 최고 구단의 구단주가 되는 행운을 누린 비게라의 인생에 동정과 찬사의 박수가 저절로 나온다.

이 사람의 인생을 보면 아무리 성공보다 실패를 더 많이 하면서 살아온 사람도 희망과 자신감을 가지고 재기를 위하여 살아야 할 것이라는 생각이 든다. 이 사람의 사례를 보면 60살이 넘게까지 실패만 하고 살아온 사람도 실망하지 말고 내가 얼마나 더 성장할 수 있을지에 대하여 스스로에게 기대하고 희망을 가져도 될 것 같다.

이제는 "인생은 삼세판이다. 실패에 의기소침하지 말자."고 말한 것도 무슨 뜻인지 이해가 될 것이라고 생각한다. 나이가 50이 넘어서 또는 60살이 넘어서 희망이 없다는 것은 기우에 지나지 않는다는 것을 증명해주는 사례라고 할 수 있겠다. 즉, 실패에 낙담하지 않고 오뚝이처럼 일어서는 사람만이 성공할 수 있는 사람이라는 것을 강력하게 주장하며, 실패에 낙담하지 말고 항상 희망을 가지고 살아갈 것을 권고한다.

3
겸손과 양보는
대인 관계에서
큰 강점이다

우리가 살아가다 보면 대인 관계가 인생사에서 매우 중요한 요소임을 알게 된다. 인간 사회의 형성은 인간과 인간의 대인 관계에서부터 시작된다고 할 수 있겠다. 따라서 인생의 성패는 대인 관계에 있고, 대인 관계의 성패가 겸손과 양보에 있다고 주장하는 것도 내가 인생을 살아오면서 얻은 지혜이다. 우리가 인간과 인간의 관계 형성에 있어서 서로 간에 부담이 없이 만나고 대화할 수 있을 때 자연스럽고 친밀해진다.

첫째, 내가 국회의원에 출마한 적이 있는데 그때 나를 아는 모든 지인들이 나를 도와주고 나의 아군이 된다는 것을 알았다. 이것은 내가 잘나서 그런 것도 아니고 내가 평소에 대인 관계를 잘 맺어서 그런 것도 아닌 듯하다. 나는 초등학교부터 대학을 다니고 회사를 다니면서도 많은 사람들을 만났지만 항상 말이 별로 없고 못난이라는 인상을 주면서 살았던 것 같다. 그러다 보니 내가 국회의원에 출마하자 무슨 국회의원에 출마를 하느냐며 오히려 더욱 걱정해주는 지인들이 많았다. 우리가 학생 때 급우들도 어떤 친구는 너무 잘난 척하는 것이 보기 싫다는 이야기를 많이 들은 적이 있다. 인간은 사촌이 논을 사면 배가 아프다는 속담이 있다, 이것은 인간은 본능적으로 상대방이 잘난 척하는 것은 좋아하지 않는다는 뜻이다. 그래서 어쩌면 내가 못난이처럼 잘난 척하지 않고 관계를 맺었기에 많은 도움을 받을 수 있었던 것 같다. 이처럼 겸손과 양보가 인간관계에서 매우 효과적이라고 말할 수 있다.

둘째, 나의 친구 중에서 초등학교부터 고등학교까지 전교 회장을 하면서 학교를 다닌 친구가 있다. 나는 그 친구가 어떤 이유로 그렇게 학생회장을 지속적으로 할 수 있을까라고 생각하고 그 친구를 벤치마킹해 보자는 생각을 했다. 그 결과 우리 반 학생의 1번에서 60번까지 그 친구의 별명을 부담이 없이 부르고 있다는 것을 알게 되었다. 모든 친구들이 그 친구에게는 부담을 느끼지 않고 있다는 것이다. 그러나 초등학교 친구 중에서 또 다른 전교회장을 했던 친구가 있는데 그 친구는 초등학교 때 전교회장이라는 권력을 너무 남용했던 친구이다. 그래서 그 친구는 동창회 모임만 가면 친구들의 구설수에 오르기 때문에 모임에 나오면 친구들에게 두들겨 맞을까 봐서 나오지 못한다는 말도 들렸다. 이것은 그 친구가 전교회장이라는 직위를 과다하게 남용하여 겸손하지 못해서 좋지 못한 평가를 받은 경우이다.

셋째, 내가 웰빙을 하고 낚시를 다니면서 갈치라든가 주꾸미를 잡으러 다닌다고 하였다. 그리고 죽순도 따러 다니고 고사리도 채취하러 다니면서 이웃들과 나눠먹기도 한다. 그런데 우리가 사회생활을 하면서 만나는 사람 중에는 부족해도 나눠먹고 싶은 사람이 있는가 하면 남아도 주고 싶지 않은 사람이 있다. 이것으로 겸손과 양보를 보이는 친구는, 없어도 나눠먹고 싶어지고, 겸손과 양보가 부족한 친구는 남아도 주고 싶지 않은 친구라는 것을 알게 되었다. 즉, 원만한 대인 관계를 위해서는 내가 더 양보하고 나를 낮추어서 겸손해져야 한다. 그래서 대인 관계에서는 겸손과 양보가 가장 중요한 미덕이며 강점이 될 수 있다는 것을 알게 되었다.

따라서 **여러분들도 내가 더 양보하고 겸손해짐으로써 성공적인 인간관계를 형성할 수 있도록 노력하여 성공적인 인생을 살아갈 수 있기를 바란다.**

인간관계에서 심어놓은 겸손과 양보가 언젠가는 나에게 이자를 붙여서 돌아온다는 생각을 가지고 항상 겸손하고 양보하는 마음으로 신뢰받는 인간관계를 맺어야 한다. 그리고 50대가 넘어서는 심었던 겸손과 양보의 이자를 붙여서 되갚을 사람으로 주변이 가득할 수 있도록 살아야 한다. 그럼으로써 인격과 품격을 갖춘 사람으로 주변에서 평가받을 수 있는 사람이 되도록 노력하며 살아가자.

4
자신감이
가장 큰
경쟁력이다

인생에서 자신감이 가장 큰 경쟁력이라고 말하는 것은 나름대로 인생을 살아오면서 인생의 원리를 터득한 결과라고 말하고 싶다. 나는 학생 시절에 우리 가문에서 성공한 어른이 없어서 내가 열심히 공부하면 성공할 수 있을까라는 확신이 들지 않아서 항상 불안한 마음으로 공부하면서 학교를 다녔다. 예를 들어서 하루에 4시간씩만 잠자고 공부하면 목표로 하는 시험에 합격할 수 있다면 4시간씩만 잠자고 공부할 수가 있을 것 같았다. 만약에 이러한 확신이 보장된다면 이러한 약속을 지키지 않는 사람은 별로 없을 것이다.

우리가 모든 일을 추진함에 있어서 얼마를 노력하면 확실하게 보장되는 사업이 있다면 이루지 못할 사람도 거의 없을 것으로 생각된다. 여기서 말하고자 하는 요지는 자신감과 확신이 서지 않았을 때 어떤 목표에 대한 노력이 미흡하게 이루어진다는 점이다. 그래서 자신감을 가지고 추진했을 때와 자신감이 부족한 상태에서 노력의 정도가 많이 차이가 난다는 사실이다.

따라서 자신감이 인생에서 가장 큰 경쟁력이라고 생각한다. 우리가 인생을 살아가는 데에 있어서도 그렇다. 내가 어릴 때는 시골 아줌마들이 부엌에서 아침마다 깨끗한 물을 떠놓고 기도를 하는 것을 많이 보면서 살았다. 요즘도 40대 이상의 아줌마들이 종교를 많이 가지고 살아간다는 생각이 든다. 불교를 믿는 사람과 기독교를 믿는 사람들이나 믿지 않는 사람이나 주변 사람들의 통계를 내보면 살아가는 것이 별반의 차이가 없다.

나도 어려서부터 우리 조상을 믿으면서 살아왔다고 이야기한 적이 있다. 내가 우리 조상을 믿으면서 살아온 것도 내가 성공할 수 있는 자신감이 부족했기 때문에 자신감을 가지고 열심히 공부하기 위한 위안이라고 생각된다. 그래서 내가 열심히 노력하면 우리 조상이 반드시 나를 도와줄 것이라는 확신을 가지면서 살아왔고, 지금도 그렇게 믿으면서 살아가고 있다. 종교를 찾는 신자들도 인생을 살아가는 데 있어서 자신감이 부족하여 항상 인생이 불안하기 때문에 나를 도와줄 신을 찾아서 인생에서 자신감을 가지고 살아가기 위한 수단으로 신을 찾는다고 할 수가 있을 것 같다. 이 또한 우리가 인생을 살아가는 데 있어서 자신에 대한 확신과 자신감의 부족에서 나온 위안인 것이다.

본인은 지인들에게서 자신감이 너무 충만하여 보기 좋다는 말을 종종 많이 듣는다. 이 책에서도 알 수 있듯이 이공계 출신으로서 처음으로 책을 썼지만 성공할 수 있다는 자신감을 가지고 시작했다. 따라서 책의 구성에 있어서 내가 예상했던 것보다 좋은 결과를 얻게 되었고 이것은 곧 자신감의 결과라고 생각한다.

첫 직장을 퇴직하고 이직할 때 토요일에 퇴직하고 월요일에 바로 새 직장으로 출근할 때에도 매우 불안해하고 두려워했던 기억이 난다. 지금에 와서 생각해보면 그렇게 불안해할 정도는 아니었으나 미래에 대한 불안감 때문이었다고 생각된다. 그러나 나의 성격에 맞지 않아 가장 힘들었던 정치인으로의 변신을 하고 난 후부터는 어떤 일에도 더욱 자신감을 가지게 되었다. 그래서 과감하게 이 책을 쓸 수 있는 용기를 얻을 수 있었다. 이것은 몇 번의 변신을 통한 자신감이 생겼기 때문이라고 생각한다. 따라서 인생을 살아가는 데에 있어서 자신감만큼 큰 강점은 없다는 것을 깨닫게 되었다.

그러므로 어떤 일을 추진함에 있어서 자신감은 절반의 성공이고, 자신감을 가지는 것만큼 큰 경쟁력은 없다고 생각한다. 따라서 **인생을 성공적으로 살아가기 위해서는 자신에게 확신을 가질 수 있도록 자신에게 최면을 걸어서 자신감을 가지는 것이 가장 큰 경쟁력이며 성공의 열쇠라고 권고한다.**

5

칭찬은
이율 높은
적금이다

우리가 살아가다 보면 칭찬과 긍정은 상관관계가 있다는 것을 알게 된다. 이것은 칭찬이 긍정을 부르는 것이라고 할 수 있다. 그러나 나의 마음을 다스린다는 개념으로 본다면 칭찬은 인간관계에서 매우 중요한 마인드 컨트롤 요소라고 생각한다. 내가 이 책을 편집하는 과정에서 지인들의 의견을 듣고자 쓰고 있던 책에 대한 의견을 들어보았다. 그 결과 3가지의 부류로 나타난다는 것을 알게 되었다.

첫째는 나와의 관계가 매우 좋은 동료나 후배들은 내가 주장하는 성취도 높은 인생을 사는 법에 대하여 현재 시대의 흐름이 고위직의 엘리트로 출세하기 위한 인생보다는 자기의 성취도와 만족도를 높이고 스스로 만족할 수 있는 인생을 사는 것에 초점이 맞춰져 있으므로 매우 좋으며 탁월한 키워드를 잡았다는 긍정적인 의견을 주었다. 또한 미래의 인생에 대한 트렌드가 성공에서 성취도로 변화할 것이라고 생각한다고 하였다. 또 다른 후배는 인생을 살아가는 데 있어서 성취도라는 트렌드는 시대의 흐름에 맞는 행복 추구와 자기 만족이 인생 목표라고 주장하는 것이 현재의 우리나라가 선진국에 진입하고 있는 단계에서 적합한 트렌드라고 조언해 주었다. 그리고 어떤 지인은 자녀들의 인생론에 대한 교육에도 많은 도움이 될 것 같고, 기업체에서 많은 초청 강의도 받을 수 있을 것 같다고 격려하여 주었다.

둘째, 나의 가족 중에서는 이 책의 목차는 괜찮은 것 같은데 서술 방법이 너무나 논문식이라 너무 딱딱하고 서술절이 길다고 채찍질 해주었다.

셋째는 '내가 어떻게 이런 책을 평가하겠는가'라는 의견과 함께 평가를 회피하면서 책 출판을 지원해주는 출판사 편집 전문가의 의견을 들어서 보완할 것을 권유해 주었다. 이 모든 의견을 들어 보고 나니 취약점은 공통적으로 논문식 서술 방법에 대한 의견인 듯했다. 따라서 이 취약점을 보완해야겠다는 결론을 얻었다.

당연히 이공계 출신에 처음 써보는 인문 책이다 보니 나로서는 서술 방법에서 취약할 것이라고는 생각된다. 그러나 여기에서 이번 절의 주제인 '칭찬이 이율 높은 적금'이라고 말하는 이유를 알게 될 것이라고 생각한다. 첫 번째의 무조건 긍정적인 면을 칭찬해주는 후배의 이야기가 내가 받아들이는 데 있어 가장 마음에 들었다. 두 번째의 채찍질은 누구보다도 나를 많이 걱정하고 나의 편에 서서 내가 잘되기를 바라면서 해주는 가족의 조언이라고 생각한다. 세 번째는 나와의 관계가 조심스러워서 평가를 회피하고 서술의 표현 방법이 논문식이라는 의견을 간접적으로 전달하기 위해 출판 전문가에게 의뢰해보라는 자기의 의견을 표현하였다.

위의 세 가지의 의견은 모두 다 나를 위해서 해주는 조언이라는 것은 확실하다. 그러나 이 세 가지의 의견 중에서 받아들이는 입장에서 나에게 가장 마음에 드는 것은 첫 번째의 무조건 긍정적인 칭찬을 해주면서 조언을 해주는 말이 나에게 가장 용기를 주고, 좋은 책으로 교정하는 데 힘이 솟는 것을 알게 되었다. 두 번째의 조언은 진정으로 나를 위해주고 잘되기를 바라면서 해주는 조언이라는 것을 알고 있지만 내가 받아들이기는 별로 기분이 좋지 않다는 것을 알게 되었다. 세 번째의 의견은 내가 원하는 건 진정한 조언인데 나에게 조언해주는 것을 어렵게 생각하고 회피하여 약간의 아쉬움이 남았다. 그러면 어떻게 조언해 주는 것이 가장 성공적인가를 알게 될 것이다.

첫 번째의 조언은 너무나 고맙고 나도 언젠가는 무엇인가 보답을 해주고 싶다는 마음을 가지게 되었다. 그렇다면 우리가 인간과 인간의 대인 관계에서 어떻게 하는 것이 가장 성공적인가를 알게 된다. 인간은 칭찬을 좋아하며 칭찬을 많이 해주면 상대가 너무 좋아서 무엇인가 보답을 하고 싶은 생각이 저절로 든다는 것이다. 즉, 칭찬을 받은 사람은 상대방에게 더 높은 이자를 붙여서 갚고 싶은 생각이 저절로 생긴다고 한다.

한 가지 더 예를 들어 인간관계에서도 칭찬의 중요성을 설명하고 자 한다. 내가 우리 집사람은 너무나 착하다고 친구들에게 자랑하는 말을 들었다면 아내는 그 기대를 저버릴 수가 없기 때문에 정말 착 하게 살아갈 수밖에 없다는 것이다. 우리 집사람은 너무 검소하고, 시부모에게 효도도 잘한다고 칭찬하는 것을 본 내 아내는 내가 칭찬 해준 것을 고맙게 여겨서 시부모에게 더욱 열심히 효도를 할 수밖에 없을 것이다. 또한 내가 칭찬해주는 말을 들은 나의 아내는 나를 긍 정적으로 평가하게 되고, 나도 그 고마움을 저버릴 수가 없기 때문 에 아내에게 긍정적으로 행동할 수밖에 없게 된다.

이제는 대인 관계에서 왜 내가 칭찬이 이율 높은 적금이라고 말하 는 이유를 알게 될 것이다. 따라서 우리는 항상 나의 마음을 다스려 서 칭찬을 아끼지 않도록 노력하고, 칭찬해야 한다는 의식을 가지고 살아가야 한다. **일상생활에서도 칭찬을 습관화하고 항상 칭찬하려 는 의식을 가지고 살아간다면 대인 관계에서의 인생 레시피를 성공 적으로 만들어 갈 수 있을 것이라고 권고하고 싶다.**

6
나의 성공이
부모에게
효도하는 길이라는
책임 의식을 갖자

우리가 인생을 살면서 부모에게 효도하는 길은 여러 가지가 있다. 그러나 이 중에서 가장 부모님을 기쁘게 하는 것은 내가 성공하여 부모님을 기쁘게 하는 길이라고 생각된다. 여러분들도 많은 경험이 있으리라고 짐작하지만 내가 자식을 길러보니 내가 살아오면서 시험에 합격하고 출세하는 길이 부모에게 가장 효도하는 길이라는 것을 어느 날 깨닫게 되었다. 즉, 부모로서 자녀를 길러보니 자식에 대한 사랑이 얼마나 큰지를 알게 되었고, 또한 부모님은 자식에 대한 기대가 얼마나 큰지를 알게 되었다. 나는 딸과 아들을 한 명씩 기르고 있다. 첫째는 그런대로 우수한 성적으로 학교를 다녔다. 그러나 딸이 학교에 다닐 때에는 나의 자식에 대한 기대가 그리 크다는 것을 알지 못하고 지냈던 것 같다. 그러나 아들이 대학 진학에 실패하고 재수를 하여 전문대학에 입학을 하였다. 이때 자식 교육은 마음대로 안 된다는 것을 다시 한 번 깨닫는 계기가 되었다. 그러면서 내가 열심히 사는 것이 얼마나 부모에게 효도하는 것인지도 깨닫게 되었다. 그리고 나의 부모님이 자식 교육을 얼마나 잘 시키셨는지도 알게 되었다.

우리 아버지는 항상 나에게 희망과 기대를 주시면서 나를 교육하면서 살았다. 아버지는 내가 성적이 좋지 않아도 항상 희망을 주시고, 긍정적으로 말씀하시던 것이 생각난다. 물론 우리 아버지는 시골에서 학교도 별로 다니시지 못하시고 농사꾼으로 성장하셨지만 아버지는 자신도 성공하시고 자식 교육도 성공하신 분이라고 생각한다. 나도 공부를 크게 잘하지 못하여 고등학교와 대학교를 바로 입학하지 못하고 실패하기도 하였다. 그러나 우리 아버지는 항상 나에 대한 기대를 크게 가지고 살았다는 생각이 든다.

우리가 어릴 때에 시골 아이들은 대부분 등록금이 없는 사관학교에 입학하기를 원했다. 그래서 나도 한때는 사관학교를 입학하려고 한 적이 있다. 나는 새벽에 공부를 하는 스타일이라서 새벽에 전깃불 아래서 공부를 하였다. 나는 방학 때에 부족한 영어 공부를 보강하기 위하여 매일 아침에 일찍 일어나서 공부를 하게 되었는데, 그 후 방학이 끝나고 학교가 개학을 하게 되어 학교에 갔는데 눈에 뭔가 낀 것처럼 느껴졌다. 그때부터 눈이 나빠지기 시작한 것이다. 지금처럼 먹고 살기가 수월하고 현명했었다면 시력을 회복할 수도 있었을지 모르지만 나는 그대로 방치하고 부모님의 기대에 부응하고자 공부만 열심히 하였다. 그 결과 신체검사에서 갑자기 시력을 잃어버렸다. 그래서 사관학교를 포기하고 일반대학에 진학하게 되었다.

내가 사관학교에 입학하고 싶었던 것은 아버지가 항상 군대 이야기를 많이 하셨기 때문이었다. 군대에서의 사단장이 얼마나 멋지고, 사단장이 되면 사병들에게 얼마나 존경받는지에 대하여 항상 말씀하셨다. 그 영향으로 나는 사관학교에 입학하여 아버지가 원하시는 장군이 되고 싶었다. 이렇게 우리 아버지는 자식에 대한 기대를 간접적으로 전수하셨고, 나도 항상 출세해야 한다는 부담을 가지고 살았다. 어쩌면 내가 인생을 살면서 정치인으로 변신하기로 결심을 하게 된 것도 부모님의 기대에 대한 부담감으로 성공해야 한다는 생각을 늘 가지고 있었기 때문이라고 생각한다. 즉, 나는 부모님의 기대가 너무 크다 보니 항상 성공해야 한다는 부담을 안고 살아온 것 같다.

우리 아버지는 별로 공부도 못하는 나에게 항상 기대가 너무 컸고, 내가 아버지의 유일한 희망이었던 것 같다. 이것이 내가 최선을 다해서 열심히 살게 만든 계기가 되었다고 생각된다. 내가 시골에서 국립대학에 합격하였을 때 아버지가 뛰면서 기뻐하시던 모습은 지금도 생생하게 기억이 떠오른다. 나는 자식의 성공이 부모에게 큰 효도가 된다는 것을 다시 한 번 강조하고 싶다.

내가 공부를 열심히 하여 성공 가도를 달리는 길이 부모에게 가장 효도하는 길이라는 것은 내 아들이 대학 진학에 실패하고 나서야 깨닫게 되었다. 효도 중에서 가장 큰 효도는 내가 공부 잘하고,

출세하는 것이라는 걸 그때서야 알게 되었다. 부모에게 정성을 다하는 것도 중요하지만 가장 큰 효도는 내가 성공하여 성취도 높은 인생을 살아가는 모습을 보여드리는 것이라는 걸 알게 되었다. 이것은 부모님이 느끼는 부모님의 무한한 자식 사랑에 있기에 나의 성공이 부모에게 보답하는 가장 큰 효도라고 생각한다. 젊었을 때 부모님들이 하신, 너도 자식 낳아서 키워보면 부모님의 마음을 알게 될 것이라는 말을 수없이 들으면서 살아온 기억이 난다. 나도 부모가 되어서야 부모님의 자식 사랑이 얼마나 큰지를 깨닫게 되었다는 것을 강조하고 싶다.

7

원활한 소통은 마음의 신뢰가 전제되었을 때 가능하다

요즘 매스컴에서 소통이라는 단어가 자주 나온다. 대통령이나 정치권이 국민과의 소통이 원활하지 못하고 국민의 뜻에 반하는 행정을 한다고 원성이 높다. 소통에는 대통령과 국민의 소통도 있지만 부부간의 소통, 부모와 자식 간의 소통, 상사와 부하 직원과의 소통, 연인과 연인 간의 소통, 대등한 친구나 거래 업체 간의 소통 등 여러가지가 있다.

왜 소통이 잘 안되는지 곰곰이 생각해 보았다. 가장 믿을 수 있는 부모와 자식 간의 소통에도 원활하지 못한 경우가 있다. 어느 후배의 이야기를 들었는데 자기는 시골에 홀로 계시는 어머님과 소통을 자주 한다고 한다. 소통을 위하여 일주일간의 서로의 일정에 관하여 이야기를 한다고 한다. 그랬더니 어머니와의 소통이 너무나 잘되고, 좋아하시는 어머니를 보니 행복하다고 좋아하였다. 이것은 서로의 관심사에 관한 이야기이다 보니 더욱 마음에 와 닿고, 서로를 배려하고 신뢰가 있다 보니 서로 간의 소통이 너무나 잘된다는 것이었다.

요즘 정치권에서 정당과 정당 간에 대화가 잘 이루어지지 않고, 대통령이 귀를 닫아놓고 있어서 국민의 뜻에 반하는 행정을 한다고 원성이 높다. 이것은 서로 간의 신뢰가 깨지고 상대편이 또 무슨 다른 속셈이 있는가 하고 의심부터 가지고 대화에 임하다보니 상대방을 배려하지 않기 때문이라는 생각이 든다. 이 두 가지의 사례를 보면 노모와 자식 간의 대화에서는 서로 간의 배려와 믿음이 있으니 참으로 좋은 소통이 이루어진다고 볼 수 있다. 그러나 정당과 정당 간에는 서로가 상대방에게 무슨 속셈인가를 의심하다보니 소통이 이루어질 리가 없다. 국민과 대통령 사이에도 서로의 신뢰가 깨지고 상대방의 속셈을 의심하고 서로에게 배려심이 없다보니 소통이 이루어지지 않는다는 생각이 든다.

부부지간의 소통이나 부자지간의 소통에 있어서도 가장 가까우면서도 소통이 잘되는 부부와 소통이 잘되지 못하는 부부가 있다. 금슬이 좋은 부부는 소통이 잘되어서 행복해하는 부부가 있고, 신뢰가 없는 부부는 서로를 의심하다보니 소통이 원활하게 이루어지지 않는 부부가 있다. 이 경우도 부부가 상대방을 신뢰하지 못하여 의심부터 하고 대화를 하다 보니 소통이 이루어지지 않는다는 것을 발견하게 되었다. 부자간의 대화에서도 자식의 학업 성적이 좋은 사람들은 말이 없어도 서로 간의 소통이 원활하게 이루어지고 상대방을 배려하다보니 소통이 잘 이루어진다고 볼 수 있을 것 같다.

그러나 서로 간의 신뢰가 깨지다 보면 부자간에도 서로 대화를 회피하게 되고 대화를 하지 않음으로써 불협화음이 발생하게 되는 경우가 많다는 것을 보게 된다. 연인 간의 신뢰도 그렇다. '당신, 나를 정말로 사랑하느냐'고 확인하는 것도 서로 간의 신뢰가 있는지를 확인하는 것일 것이다. 서로 간의 신뢰가 있으면 상대가 보고 싶을 때 보지 못해도 의심하거나 불안한 마음이 없어서 서운하게 생각하지 않는다. 그러나 신뢰가 미흡한 연인 간에는 상대가 바쁘다면 의심부터 하게 되는 경우가 있다. 이러한 모든 사례를 보게 되면 서로 간의 신뢰가 없어지는 경우에 소통이 원활하지 못하다고 불만을 토로하게 되는 경우를 확인하게 되었다. 따라서 서로 간의 원활한 소통을 위해서는 상대방을 신뢰하고 믿음으로써 나도 상대방에게서 신뢰를 쌓게 된다는 것을 인식하고 나부터 상대방을 신뢰하고 나도 상대방에게 신뢰를 받을 수 있는 인간관계가 중요한 것 같다.

회사에서 상사와 부하 간의 관계에서도 그렇다. 내가 신뢰하며 관계가 좋은 부하 직원은 설령 실수를 하더라도 무슨 불가피한 일이 있어서 그렇게 되었을 것이라고 이해하고 신뢰를 보내지만 신뢰하지 않는 직원은 불가피한 상황이 발생하여 실수를 하더라도 좋지 않게 선입관을 가지고 평가하게 된다. 아내와의 소통에서도 그렇다. 아내가 나에게 무한한 신뢰를 보여주면 나도 아내를 신뢰한다. 설령 대화가 없더라도 아내를 믿고 모든 일을 긍정적으로 생각하게 된다는 것을 경험으로 깨닫게 되었다. 이러한 여러 가지의 사례를 보고 서로 간의 신뢰가 전제되어야 원활한 소통이 가능하다는 결론을 내렸다.

　따라서 **인간관계에 있어서는 내가 먼저 상대방에게 신뢰를 보내면 상대방도 나를 믿고 대화에 임하게 되고 원활한 소통이 이루어질 수 있다.** 내가 먼저 신뢰를 보내고 서로 간의 진정성 있는 신뢰를 쌓아서 소통이 이루어지도록 하는 것이 원활한 소통의 기본이라는 생각이 든다. 인간관계에서의 소통은 매우 중요하다. 서로가 서로를 신뢰하는 관계를 만들어서 원만하게 소통이 이루어지면 좋은 인간관계가 형성된다는 것을 믿고, 좋은 인간관계를 형성하게 되면 사회생활도 성공적으로 이루어질 것이며, 그럼으로써 성공적인 인생 레시피가 만들어질 것이라고 생각한다.

맺음말

인생의 성공적인 삶에 대하여 약 60년 가까운 경험으로 얻은 지식과 교훈을 60여 개의 항목으로 모두 정리하였다. 이러한 항목들은 하나하나가 여러분의 인생을 성공적으로 살아갈 수 있도록 하여 삶에 보탬이 될 것이다. 이러한 성공 요소들을 여러분의 마음속에 깊이 새겨서 여러분의 인생에 보배가 될 수 있도록 꿰어야 보석이 될 것이다. 보석이 두 가지, 세 가지가 결합되었을 때 보석으로서의 가치가 더욱 배가된다는 것을 설명하고자 한다.

예를 들어서 첫째로 [2. 5]절의 정보의 캐치 능력에 의한 유용한 정보를 찾아서, 둘째로 [2. 3]절의 트리 구조의 원리를 이용하여 체계화하고 추가 보완하여, 셋째로 [3. 1]절의 구슬을 꿰어야 보배라는 항목으로 실행에 옮기자.

이렇게 레시피가 결합되었을 때 레시피 항목의 부가 가치는 더욱 배가된다는 것을 주장한다. 즉, n개 항목이 결합되었을 때 그 가치가 2n이 아니고 2^n으로 배가된다고 말하고 싶다.

예를 들어서 세 가지의 항목을 이용하여 부동산 사업자로서 부동산의 구매 타당성을 검토하여 보자. 이 책의 목차 항목의 편집도 트리 구조의 탐색 원리로 편집한 결과이다. 따라서 먼저 트리 구조의 탐색 기법을 이해하기 위하여 [2. 3]절을 먼저 읽어보고 부동산 구매 타당성을 이해하는 것이 쉬울 것이다.

첫째의 정보를 캐치하기 위하여 구매 타당성 요소의 정보를 뽑아내야 한다. 그러려면 구매에 영향을 미치는 항목을 찾아내야 한다. 즉, 구매를 판단하기 위하여 필요한 항목을 찾아내서 중요도를 나열하여 보자는 것이다. 이 항목을 둘째의 트리 구조의 원리에 따라서 트리 구조로 분류하여 정리하여 보자. 즉, 항목들을 유형별로 분류하고 구매 검토에 필요한 어떤 분야의 항목 유형이 있는지 추가 보완하고 중분류와 대분류로 분류하여 보자. 그 다음에는 트리 구조의 원리에 따라서 유형별로 분류하고 빠진 항목이 있는지 점검하고 추가하여 보완하여 보자. 그리고 모든 항목에 대하여 중요도의 가중치를 부과하자. 그 다음은 구매하고자 하는 부동산에 해당하는 항목의 점수를 평가하여 보자. 그리고 가중치와 해당 점수를 곱하여 종합 점수를 합산한 뒤 타당성을 검토하면 부동산 구매 타당성에 대한 분석 자료가 완벽하게 만들어질 것이다. 즉, 이 분석 자료를 가지고 직접 실행에 옮겨서 부동산 구매 여부를 판단하고 실행하면 부동산 투자에 큰 도움이 된다는 것이다.

이와 같이 여러 가지 항목을 결합하여 인생의 레시피를 만들어 가면 더욱 더 성공적인 인생 레시피가 만들어진다고 할 수 있을 것이다. 즉, 여러분의 비즈니스 및 어려운 사안의 판단을 위하여 이러한 방법으로 판단을 결정하여 보자는 것이다.

전체적으로 정리가 되지 않는 어려운 사안에 대하여 여기서 설명한 트리 구조의 탐색 원리를 이용하여 정리하고 분석하여 그 완벽성을 실험하여 볼 것을 권고한다. 이상하다 싶을 정도로 완벽한 좋은 자료가 만들어진다는 것을 알게 될 것이다.

또한 여기서 제안한 60여 개의 성공 요소 항목들을 결합하여 실행에 옮기는 연습을 해보자. 그러면 그 효과는 더욱 배가된다는 것을 알 수 있을 것이다. 이와 같이 성공적인 인생 레시피를 위하여 여러 가지의 성공 요소 항목들을 결합하여 응용하고, 융합함으로써 여러분의 인생에 2^n의 성공적인 인생 레시피가 만들어질 수 있기를 기원한다.

끝으로 이 책이 여러분의 인생에 큰 도움이 되어서, 이 책을 집필하게 된 것이 내 인생에서 가장 보람된 일이라는 생각을 할 수 있기를 바란다.

2016년 저자 씀

삶을 성공으로 이끄는 인생 레시피를 통해
행복한 에너지가
팡팡팡 샘솟으시기를 기원드립니다!

권선복(도서출판 행복에너지 대표이사, 한국정책학회 운영이사)

이따금 기대하지 않았던 음식점에서 훌륭한 요리를 마주하면 무척 즐거워집니다. 화려한 간판과 인테리어에 비해 음식은 실속이 없는 곳도 많고 맛집이라고 해서 맘먹고 찾아가지만 실망만 하고 돌아오는 경우도 있습니다. 인생이란 요리와 비슷하다는 생각을 합니다. 내 가족이 먹을 음식을 만들듯 정성을 다해 오직 요리에만 힘을 쏟는 것이, 내가 사랑하는 사람들과 행복을 나누고자 한 가지 목표를 향해 매진하는 인생사와 닮았기 때문입니다. 문제는 그러한 성공적인 삶을 살기 위해서는 보통 이상의 노력과 열정이 필요하다는 사실입니다.

책『성공적인 나의 인생 레시피 만들기』는 꿈을 향해 늘 최선을 다하는 사람들에게 꼭 필요한 조언과 사례를 담고 있습니다. 인생을 성공으로 이끌기 위해 반드시 갖춰야 할 덕목들이, 가장 왕성히 사회활동을 하는 20대에서 50대까지 세대별로 정리되어 있습니다. 박사 학위와 대학 강의 활동으로 빛나는 연구 열정과 다양한 기업에서의 실무 경험을 바탕으로, 지금 시대를 살아가는 이들이 가장 필요로 하는 정보만을 알기 쉽게 풀어내었습니다. 자신의 노하우와 연구 성과를 아낌없이 한 권의 책에 담아주신 김정옥 박사님께 커다란 응원의 박수를 보냅니다.

시대가 시대인 만큼, 많은 이들이 힘겨운 나날을 보내고 있습니다. 청년들은 구직과 사회 적응으로 인생에서 가장 빛나는 시기를 우울히 보내고, 중장년층은 장기불황 속에서 가정을 안정적으로 이끌고자 매일 분투하고 있습니다. 이제 요행이나 타인의 도움만으로는 행복한 삶을 영위할 수 없습니다. 진취적으로 자신의 삶을 이끌고자 하는 분들에게 이 책이 하나의 명쾌한 해답을 제시해주기를 기대하오며, 이 책을 읽는 모든 독자분들의 삶에 행복과 긍정의 에너지가 팡팡팡 샘솟으시기를 기원드립니다.

다람쥐 잡기놀이

p. 141
다람쥐를 생포하는 도구를 만들다

쥐잡기

p. 145
생쥐를 생포하는 쥐덫을 만들다

참새잡이

p. 162
겨울에 더 많은 새를 잡는
그물망을 만들다

연 날리기

p. 166
공격용 방패연을 만들다

Happy Energy books

좋은 **원고**나 **출판 기획**이 있으신 분은 언제든지 **행복에너지**의 문을 두드려 주시기 바랍니다.
ksbdata@hanmail.net www.happybook.or.kr 단체구입문의 ☎ 010-3267-6277 도서출판 **행복에너지**

하루 5분 나를 바꾸는 긍정훈련

행복에너지

'긍정훈련'당신의 삶을
행복으로 인도할
최고의, 최후의'멘토'

'행복에너지
권선복 대표이사'가 전하는
행복과 긍정의 에너지,
그 삶의 이야기!

인터파크
자기계발 분야 주간
베스트 1위

권선복 지음 | 15,000원

권선복

도서출판 행복에너지 대표
한국정책학회 운영이사
대통령직속 지역발전위원회
문화복지 전문위원
새마을문고 서울시 강서구 회장
전 팔팔컴퓨터 전산학원장
전 강서구의회(도시건설위원장)
아주대학교 공공정책대학원 졸업
충남 논산 출생

책『하루 5분, 나를 바꾸는 긍정훈련 - 행복에너지』는 '긍정훈련' 과정을 통해 삶을 업그레이드
하고 행복을 찾아 나설 것을 독자에게 독려한다.
긍정훈련 과정은 [예행연습] [워밍업] [실전] [강화] [숨고르기] [마무리] 등 총 6단계로
나뉘어 각 단계별 사례를 바탕으로 독자 스스로가 느끼고 배운 것을 직접 실천할 수 있게 하
는 데 그 목적을 두고 있다.
그동안 우리가 숱하게 '긍정하는 방법'에 대해 배워왔으면서도 정작 삶에 적용시키지 못했던
것은, 머리로만 이해하고 실천으로는 옮기지 않았기 때문이다. 이제 삶을 행복하고 아름답
게 가꿀 긍정과의 여정, 그 시작을 책과 함께해 보자.

『하루 5분, 나를 바꾸는 긍정훈련 - 행복에너지』

**"좋은 책을
만들어드립니다"**

저자의 의도 최대한 반영!
전문 인력의 축적된 노하우를
통한 제작!
다양한 마케팅 및 광고 지원!

최초 기획부터 출간에 이르기까지, 보도
자료 배포부터 판매 유통까지! 확실히
책임져 드리고 있습니다. 좋은 원고나
기획이 있으신 분, 블로그나 카페에 좋은
글이 있는 분들은 언제든지 도서출판
행복에너지의 문을 두드려 주십시오!
좋은 책을 만들어 드리겠습니다.

| 출간도서종류 |

시·수필·소설·자기계발·
일반실용서·인문교양서·평전·칼럼·
여행기·회고록·교본·경제·경영 출판

도서출판 **행복에너지**
www.happybook.or.kr
☎ 010-3267-6277
e-mail. ksbdata@daum.net

살아가는 기쁨
박찬선 지음 | 값 15,000원

『살아가는 기쁨』은 우리 삶이 경이로움 그 자체임을 따뜻한 문장으로 전한다. 바쁘게 돌아가는 현대사회 속에서도 삶에 대한 기쁨을 놓치지 않도록, '긍정과 행복'의 메시지를 담은 것이다. 현재 안산 안디옥교회에서 목사로 있는 저자가, 한없이 따뜻한 시선으로 아름다운 일상과 그 풍경들을 포착하여 글로 풀어냈다.

내 인생에 부치는 편지
문금용 지음 | 값 15,000원

책 『문금용 회고록 – 내 인생에 부치는 편지』는 그 위대한 국민들 중 하나였던 저자가 팔십여 년 평생의 인생역정을 감동적으로 그려낸 작품이다. 왜 우리 민족의 정서가 한이 되었는지 절감할 수 있을 만큼 힘겨운 시기를 보냈던 우리 선조들의 삶은 그 자체만으로 가슴을 뭉클하게 만든다.

우리가 살아가는 하루하루가 기적이다
이승희 지음 | 값 15,000원

책 『우리가 살아가는 하루하루가 기적이다』는 2003년 국내에 들어온 한 새터민의 목숨을 건 탈북기와 대한민국에서의 새 삶에 관한 글이 담겨 있다. 여타 탈북 관련 책보다 생생하게 '참담한 북한의 현실과 탈북기'를 그려내고 있으며, 그 과정에서 가족을 잃은 저자의 사연은 보는 이의 마음을 시리게 만든다.

7인 엄마의 병영일기
최정애, 김용옥, 김혜옥, 류자, 백경숙, 조우옥, 황원숙 지음 | 값 15,000원

책 『7인 엄마의 병영일기』는 소중한 아들을 군에 보낸 어머니들의 마음으로부터 시작된다. 저자인 7명의 어머니는 아들을 군에 보낸 후 '군인'에 대해 그리고 군인이 하는 일에 대해 다시 한번 깊이 생각하게 된다. 또한 생각에 그치지 않고 군인들이 하는 일을 직접 체험하며 나라를 지키는 일이 얼마나 위대한지에 대해 가슴 깊이 깨닫는다.